Anonyma

Der Sex meines Lebens

W0055821

ANONYMA

DER SEX MEINES LEBENS

KEIN LIEBESROMAN

ULLSTEIN

Wir verpflichten uns zu Nachhaltigkeit

• Klimaneutrales Produkt
• Papiere aus nachhaltiger
  Waldwirtschaft und anderen
  kontrollierten Quellen
• ullstein.de/nachhaltigkeit

Ullstein ist ein Verlag der Ullstein Buchverlage GmbH

ISBN 978-3-550-20164-6

© 2021 by Ullstein Buchverlage GmbH, Berlin
Alle Rechte vorbehalten
Gesetzt aus der Granjon
Satz: LVD GmbH, Berlin
Druck und Bindearbeiten: GGP Media GmbH, Pößneck
Printed in Germany

Inhalt

III. Akt (30–50)

Prolog

Er biegt von der Landstraße ab, am Beginn eines Dorfes, und fährt sehr entschieden vorbei an zwei, drei Häusern Richtung Wald. Der Boden ist aus Schotter, man hört, wie die Reifen Steine zum Springen bringen. Die Fenster sind offen, es riecht nach Kiefern und warmer Luft. Er bleibt stehen und dreht den Schlüssel um. Der Motor ist aus.

Dieser ganz kurze Moment, als wir beide nach vorn blicken. Ich weiß nicht, ob da eine Schranke war, vor dem Waldrand, zwischen dem Ende des Dorfes, dem von Bäumen flankierten Weg und der frei einsehbaren Wiese vor uns. Oder ob er einfach nicht auf der Wiese stehen wollte und es nicht mehr bis in den Wald schaffte. Es wirkte, als kenne er sich hier aus. Als habe er das geplant. Und dann auch wieder nicht. Vielleicht war es ein Gemisch aus Übermut, Ungeduld, Entschlossenheit, es jetzt zu tun, und Angst.

Er lief vorne ums Auto herum, seine Locken wippten. Das Auto war etwas höher als normal, er öffnete meine Tür, und ich glaube, er hob mich heraus. Ich trug ein rotes Kleid, das ist sicher, darüber haben wir oft gesprochen. Und darunter einen aprikosenfarbenen BH und einen aprikosenfarbenen Slip, sogar aus Spitze und zueinander passend. Das hatte ich mir überlegt. Ich schlüpfte noch rasch in die Sandalen, und dann stellte er mich zwischen Auto und Autotür.

Die Sonne blendet. Er schiebt mein Kleid hoch, langsam und bewusst, und ich ziehe es mir über den Kopf. Kurz fühle ich mich versteckt. Gern würde ich so verharren. Ich spüre, wie er vor mir in die Knie geht und seinen Blick über meine Beine, meinen Bauch, meine Brüste in der aprikosenfarbenen Spitze gleiten lässt. Dann schleudere ich es weg, und während er meine Fesseln streichelt, schaue ich zu ihm hinunter. Er trägt ein rosa Hemd, ich bücke mich und knöpfe es auf. Er schließt die Augen, berührt meinen Po, und ich spüre, wie er sich bemüht, ruhig und tief zu atmen. Und dann geht alles sehr schnell.

Ich ziehe ihn hoch, öffne seinen Gürtel, er streift meine Unterhose ab, legt mich quer über die Sitzbank, drückt seinen Schwanz zwischen meine geöffneten Beine, ich spüre seinen Oberkörper auf meinem schwer werden, sein ganzer Körper ist angespannt wie ein Brett, er stößt ein, zwei und ein drittes Mal. Wir küssen uns nicht, und ich bin nicht mal sicher, ob wir uns einmal in die Augen geschaut haben, die Locken rechts und links von seinem nach innen konzentrierten Gesicht fliegen, und dann explodiert er schon.

Gleich darauf rutscht er an mir hinunter und will mich mit der Zunge berühren.

Ich drehe den Kopf zur Windschutzscheibe, ein Bilder-buch-Sommertag, sie ist überzogen mit Schlieren toter Flie-gen, die von Weiß ins Gelbliche changieren. Ich stöhne ein bisschen, verkrampfe mich ein bisschen, und dann ziehe ich ihn wieder hoch zu mir. Ich könnte platzen vor Aufregung. Und will auf keinen Fall, dass er mich jetzt weiter so be-rührt. Obwohl ich mich Wochen und Monate, ach was, Jahre, viele Jahre nach diesem Moment gesehnt habe.

Als wir uns neben dem Auto anziehen, wird er wieder er. Er deutet auf die kleinen Füchse auf seinen Boxershorts und sagt: Hab ich extra für dich angezogen.

Ich lächle. Und nehme seinen Kopf zwischen meine Hände und befühle mit meinen Lippen die seinen.

Wir setzen uns ins Auto, die Türen klappen zu, und er fährt den Weg rückwärts. Ich halte den Atem an. Auf der Weiterfahrt und bei der Ankunft und am Strand halte ich ihn tief drinnen immer noch an.

Und fühle mich am Nachmittag dieses hoffnungsvollen Tages wie abgelegt, neben mir. Wie konnte er, frage ich mich, mir in diesem Akt so fremd werden? Wie konnte zwischen uns beiden ausgerechnet der Sex derart unstimmig sein?

Ich sitze am Strand und schaue zu, wie der Mann, den ich begehre und zu lieben begonnen habe, draußen in der glit-zernden Bucht das Segel seines Brettes aufrecht zu halten versucht. Das Meer funkelt. Durch die Pappelblätter tanzen Lichtflecke. Der Sand ist warm. Mit den Handflächen streiche ich darüber. Erst mit der einen, dann mit der anderen. Ich habe Angst, das könnte es gewesen sein.

Das war am Vormittag, dann kam der Abend.

Wir stehen an einer Hotelrezeption, ich unterschreibe die Rechnung, und er lehnt daneben an der Wand und schaut mir zu. Er hält mit der Hand seine über die Schulter geworfene, halb leere Reisetasche, er ist groß und schön, und alles an ihm strahlt mich an. Seine von der Sonne gefärbte Haut, seine leuchtenden Augen, seine Brust unter dem offenen Hemd, seine wilden Haare, diese Helligkeit, durch die wie ein schimmernder Faden eine Traurigkeit, Tiefe gewirkt ist.

Ich weiß nicht, ob mich jemals ein Mann so angestrahlt hat, den ich so schön fand. Oder umgekehrt, ob ich je einen Mann so schön finden konnte, der mich so anstrahlt.

Der Hotelbesitzer sagt, Glück gehabt, morgen haben wir eine Hochzeit, und gibt uns eine Suite mit zwei Zimmern und einem großen Bett. Wir sollen zum Abendessen kommen, die Küche mache gleich zu.

Im Speisesaal sind wir allein. Ohne uns abzusprechen, bestellen wir das Gleiche, und er schenkt mir aus einer Flasche meinen Lieblingswein ein. Genau erinnere ich mich nicht, worüber wir gesprochen haben, aber es ging ums ganze Leben, und schließlich sagte ich, eines habe es in meinem trotz seiner Fülle noch nicht gegeben: guten Sex.

Ich glaube, so habe ich das gesagt. Nicht befriedigend,

nicht erfüllend, nicht schön. Eher so in Richtung Tantra, sagte ich, ohne zu wissen, was das heißen sollte. Aber mit der Ahnung, dass es da noch etwas geben musste.

Dabei dachte ich nicht an den Akt im Auto, sondern an das, was der Mann mir gegenüber ausstrahlte. Der in einem Anflug von Weisheit und Mut erwiderte: Gute Idee, ich fürchte nur, da bin ich der Falsche. Aber wir sollten es trotzdem versuchen und eine Arbeitsgruppe bilden, komm!

Ins Zimmer fällt silbriges Licht von draußen. Wir stehen neben dem Bett, und ich knöpfe langsam sein Hemd auf. Wir ziehen uns gegenseitig aus. Wir überstürzen nichts. Wir bewegen uns so langsam aufeinander zu, dass ich das Flirren über seiner Haut spüre. Es ist mehr ein Tasten mit den Lippen als ein Küssen. Ich will alles an ihm liebkosen. Ich streiche über seine Stirn und durch seine Haare, über seine Wangen und Augenbrauen, ich nehme hinter den Ohrläppchen seinen Nacken in die Hände, und dann kommen wir uns nah und näher, und unsere nackten Bäuche berühren sich, und es fühlt sich an, als wären sie sehr lange getrennt gewesen.

Er spult keinen Akt ab. Er spielt keine Rolle, die ihn zum Fremden macht. Für sich wie für mich.

Und ich bleibe da. Bei ihm. Bei mir. Bei uns. Ohne mich davonzumachen in Gedanken, wie ich es sonst getan habe.

Ich fühle in mich hinein und in uns, und wenn ich ihn spüre, auf der Haut oder in mir, ja, da kann ich ihn spüren, dann kommt es zu Augenblicken, in denen wir uns im Gefühl an einer Stelle zeitgleich zu begegnen scheinen. Als zündeten wir gemeinsam einen Funken. Fast habe ich den Eindruck, er spürt dann dasselbe wie ich.

Ist das möglich?

Es ist nicht nach wenigen Minuten vorbei, sondern wir liegen bis spät in der Nacht ineinander. Unter mir schaut er mich eine Weile staunend an. Ich lache und sage: Du Lügner!

Ich vermute, dass er nur leise lächelte, weil er nicht glauben konnte, was geschah.

Dann liege ich auf dem Rücken, er sitzt in mir und erzählt von tanzenden Derwischen und mystischen Erfahrungen, als habe es nichts mit uns zu tun, und dabei scheint das silberne Licht von hinten auf seine Locken.

Am nächsten Morgen regnet es, der erste Sommerregen nach Wochen der Trockenheit. Der Wind weht die Gardinen über die Dielen, und es ist egal, wenn die Hochzeitsgesellschaft unsere Lust zu hören bekommt, wir lieben uns.

Nun frage ich mich, was lag zwischen jenem Vormittag und jener Nacht? Für mich kann ich sagen: ein Leben.

I. AKT

(0–20)

Kinder

Wir haben ein Zelt aufgebaut im Garten zwischen den Büschen, der Schaukel und der Hecke. Ich liege auf dem Bauch, und er auf mir drauf. Meine Wange klebt auf dem grauen Plastikboden, durch die dicke Plane fällt Licht in Dunkelblau und Gelb.

Die Reißverschlüsse des Eingangs haben wir zugezogen, seine Mutter ist im Haus. Sie trägt oft Hotpants und Stiefel, die bis weit über die Knie gehen, auch beim Staubsaugen. Manchmal bringt sie uns Vollkornschnitten mit Bierschinken und Gürkchen. Sein Vater hat sein Büro zu Hause. Die Eltern haben ein Schlafzimmer mit einem Kuhfell auf dem Bett, und am Wochenende schläft die ganze Familie im Keller auf einem riesigen Sofa. Weiß ist es mit schwarzen Farnen, und man kann es ausziehen, wenn er seine Cowboys und Indianer weggeräumt hat. Schlafwiese hat es meine Mutter genannt und die Augen verdreht, meine Eltern schlafen in getrennten Zimmern.

Ich schaue durch das kleine Zeltfenster mit dem Fliegengitter. Der Stoff darüber ist hochgerollt, und hinter dem

Drahtzaun erstreckt sich der glatte Rasen der Nachbarn. Sie haben keine Kinder. Er ist eigentlich der Bruder meiner Freundin und nicht mein Freund, er ist fast drei Jahre jünger als ich. Ich bin schon in der dritten Klasse und fühle mich auch sonst überlegen, ich verwende Wörter, bei denen meine Freundin oft fragend ihre Eltern anschauen muss.

Er liegt auf mir wie ein Käfer. Er hält sich an meinen Schultern fest und drückt sein gebogenes Schwänzchen auf meinen Po. Er hat seine Hose ausgezogen und will, dass ich das auch tue. Die Luft ist so stickig im Zelt, das mag ich nicht.

Meine Backen glühen. Er drückt fester. Ich spüre auch eine Lust. Sie kommt tief aus der Brust. Die kenne ich auch vom Barbie-Spielen, wenn wir die Barbiepuppen aneinanderbinden, meine Freundinnen und ich. Aber mit ihm will ich jetzt nicht mehr. Ich bin erstaunt, dass er so unbekümmert ist. Macht er sich keine Gedanken? Ich verachte ihn auch ein bisschen dafür, dass er weitermachen will. Wir machen es wie Tiere.

Der erste Kuss

Es ist um Weihnachten herum. Wir sitzen zu mehreren an einem Tisch in einer Nische aus rustikalem Holz. Über der Tanzfläche blitzt die Discokugel, und ich kann mich kaum bewegen, ich bin wie gelähmt. Er sitzt an der Ecke mir gegenüber und macht Scherze mit den anderen. Wenn er grinst, werden seine braunen Augen noch schmaler, und die Haut in den Winkeln bildet Fächer wie aus fein gefaltetem Papier. Wenn er tanzt, schließt er die Augen und wirkt vollkommen bei sich. Er bewegt sich im Einklang mit der Musik, und wenn ich zuschaue, wie er in ihr versinkt, will ich ganz nah an ihn ran.

Ich befestige ein Foto von ihm auf den Holzpaneelen neben meinem Bett, auf Augenhöhe. Darauf trägt er ein blau-weißes Halstuch, das auf dem Kopf zu einer Schleife gebunden ist, und lacht. Abends lasse ich die Rollläden herunter, bis der letzte Schlitz geschlossen ist, und mache monatelang das Fenster nicht auf, damit ich morgens nicht hören muss, wie die Vögel zu zwitschern beginnen. Die Zeit soll nicht vergehen, es soll immer Weihnachten bleiben.

An Ostern sehe ich ihn wieder. Er kommt mit dem Bus den Berg hinaufgefahren. Meine Mutter hat mir Kleider gekauft, ich trage eine rosafarbene Stoffhose mit Gummibund, eine graue Jacke und ein rosafarbenes T-Shirt, das über Mint und Hellgelb ins Weißliche verläuft, darauf steht »Bermuda-Dreieck«, und ich weiß heute nicht, ob mir damals schon klar war, dass das als gefährlicher Ort gilt.

Gerade wundere ich mich eher, dass mir Farben rund um Begegnungen so stark in Erinnerung bleiben.

Präsenter als Gerüche, präziser als Töne.

Als bliebe ich an der Oberfläche.

Wird es mit dem Spüren auch so sein?

Oder liegt es daran, dass Farben nur einfacher zu bezeichnen sind, mit Wörtern, die alle sofort verstehen – anders als die anderen Sinne, vor allem der tastende der Haut?

Ich gehe zur Bushaltestelle, und als wir voreinander stehen, grinst er und sagt irgendwas zu meinem Aufzug. Seine Bemerkungen, die er für witzig hält, haben noch heute etwas zwischen Necken und Zote. Sie sind so viel unsensibler als seine Bewegungen. Mittlerweile vermute ich, dass diese Doppelbotschaften nicht seiner Unsicherheit geschuldet waren. Sondern dass es der Ton war, in dem er aufwuchs. So viel Abschätzigkeit lag darin, und Gewalt, dass er mit siebzehn seinen Vater zu Boden schlug und kein Wort mehr mit ihm sprach. Es muss in jenem Jahr gewesen sein, er war vier Jahre älter als ich.

Meine Mutter sagte, bevor sie mir einen Schubs Richtung

Tür gab: Heute hast du dein erstes Rendezvous! Darauf reagierte ich vermutlich wie auf seine Bemerkungen: anfangs verstockt, dann mit einem frechen Rückschlag. In jenem Moment hatte ich keine Vorstellung davon, was sie gemeint haben könnte.

Wir gehen den Berg hinauf, und sicher wäre ich wie immer weitergegangen in einer Bewegung, die ins Offene will. Auch um das Anhalten zu vermeiden, das zur Verortung zwingt. Ich hier, du da – und jetzt?

Augenblicke der Wahrheit, die zur Enttäuschung werden können, vor allem körperlich.

Wir stehen auf einer Lichtung kurz unterhalb der Baumgrenze, über uns beginnt der Fels. Ich ahne nicht, was kommt. Bei diesem ersten Kuss bin ich in einem Zustand, den man den der Unschuld nennt. Wir sitzen nebeneinander auf einem Baumstamm, und wieder überzieht dieses schillernde Grinsen sein Gesicht. Er kommt mir näher und küsst mich auf den Mund.

Meiner ist geschlossen. Ich komme nicht auf die Idee, meine Lippen zu öffnen. Doch er tut es, mit seiner Zungenspitze berührt er sie. Also lasse ich sie wie mechanisch auseinanderfallen, und meine Zähne ebenfalls. Er presst seine Lippen fester an meine und schiebt seine Zunge in meinen Mund.

Ich finde es eklig, und während ich mich dann eben auch in seiner Mundhöhle und an seinen Zahnreihen entlangfühle, frage ich mich: Was soll das?

Latin Lover

Ich habe mich auf der Strandliege umgedreht, sie steht auf Kieseln, neben mir meine Eltern, über uns ein Sonnenschirm, zwischen uns und dem Meer zwei weitere Reihen. Die Liege ist blau. Und aus perforiertem Kunststoff, der zwar Luft durchlässt, aber so feucht vom Schweiß werden kann, dass man ein Handtuch drauflegt. Die Strahlen der Sonne, der Gang über die heißen Steine, das Salz vom Meer, der Geruch von Jasmin, die warme Luft lassen mich meinen Körper spüren.

Ich fühle mich gut. Zu jenem Zeitpunkt habe ich die richtige Schicht zwischen Haut und Knochen, um alles genau und bewusst spüren zu können, bin durchlässig zwischen Innen und Außen. Ich trage einen pinkfarbenen Bikini, dessen Körbchen auf dem Halteband verschiebbar sind. So kann noch mehr Haut bräunen. Nach dem Umdrehen zupfe ich die Hose zurecht, sie wird immer in den Poschlitz gezogen.

Gerade als ich meinen Kopf mit den Händen abstütze, höre ich von rechts Schritte auf den Kieseln. Schwere

Schritte, lässige Schritte und das flatschende Geräusch von Plastiksohlen an Fersen. Es ist der Bademeister, *bagnino*, ich spreche ein bisschen Italienisch.

Als er an mir vorbeikommt, wirft er mir einen absichtsvollen Blick zu. Er ist groß, fest und braun, trägt eine Holzkette eng um den Hals, ein weißes T-Shirt und einen Badeslip. Eigentlich ist er zu groß für mich. Er hat kupferfarbene Löckchen. *Che belli riccioli*, sagt meine Mutter. Er setzt sich wieder auf einen Stuhl an der Bar, die zu unserem Strandabschnitt gehört, und dann guckt er noch mal zu mir herüber.

Gegen Abend laufen wir durch den Ort, vorbei an Läden mit Touri-Schmuck, und dann in einen Keller hinein. Vielleicht stand über dem Eingang *Jazz*, vielleicht auch *Discoteca*. Ich weiß nicht, ob mein Vater da hinunterwollte oder ob meine Mutter mir vor Augen führen wollte, welche Möglichkeiten sich mir hier böten. Es ist noch hell draußen und drinnen fast leer. Nur an der Theke sitzen zwei oder drei Männer. Ich trage ein langes Batik-Kleid, das hinten oberhalb der Taille mit einer Schleife gebunden ist. Als wir hinausgehen, ruft einer der Männer: *Che bella figura!*

Wie an Farben erinnere ich mich an das Gefühl, das Stoffe auf der Haut hinterlassen. Es hält ein Leben lang. Dieses Kleid war aus leicht knittrigem, weichem Leinen, und es streifte, wenn ich mich bewegte, um die Fesseln.

Meine Mutter lädt den *bagnino* für mich zum Abendessen ein. Das ist eine kleine Provokation, die ihr und meinem

Vater Freude bereitet. Sie schätzen politische Lieder mit Zeilen, die mir Rätsel aufgeben. Wer sich nicht in Gefahr begibt, der kommt darin um. Wir wohnen in einem teuren Hotel. Da geht ein Bademeister, der in der Kabine am Strand schläft, nicht essen. Unserer bringt einen Fisch in einer Tüte mit, die er dem Oberkellner mit ausgestrecktem Arm hinhält. Die Hotelgäste drehen sich um, als mein Verehrer zu unserem Tisch kommt.

Nach dieser Einladung muss sich ein Mann von Ehre dem Anstand verpflichtet fühlen, die Tochter in die Nacht zu entführen. So wird meine Mutter gedacht haben. Er ist dreiundzwanzig, und ich bin immer noch dreizehn, aber das weiß er nicht. Man hält mich für älter. Als wir aufstehen, flüstert mir meine Mutter zu: Tu nichts, was du nicht willst!

Am Strandende liegt eine Grotte mit einer Disco, von der aus man einen Blick übers Meer hat, *Grotta Azzurra*. Aber es ist noch so früh am Abend, dass außer uns keiner da ist. Er legt seinen Arm um meine Schulter und führt mich zu den Fischerbooten am Strand. Wir setzen uns auf die Kiesel. Ich würde gern weiter auf den Mond über dem Meer schauen, doch dann drehe ich mein Gesicht zu ihm hin und lasse seine Zunge in meinen Mund. Sie ist noch drängender als die erste. Ich sinke mit ihm nach hinten und liege auf der Seite, ihm zugewandt. Ich spüre einen großen Schwanz und seine Kraft in den Armen, in den Beinen, von seinem ganzen Körper, er wälzt sich auf mich.

Ich sage: *No!*

Er: Warum?

Non voglio.

Er nickt, wir setzen uns wieder auf, und dann gucken wir ein bisschen den Mond an, und wahrscheinlich hat er mich zum Hotel begleitet. Es könnte sein, dass ich die letzten Meter allein ging.

In den folgenden Tagen sitze ich an der Strandbar neben ihm, und wir trinken Limonade, er schaut mir tief in die Augen, und ich lache, und es gefällt mir, seinen Blick auf mir zu spüren, wenn ich zur Liege neben meinen Eltern gehe, um zu lesen oder zu schauen. Ich drapiere mein Bikinioberteil noch bewusster.

In einer Nacht höre ich im gemeinsamen, aber geräumigen Hotelzimmer, wie meine Mutter zu meinem Vater sagt: Nein, nicht jetzt! Dieser Satz und die damit verbundenen Möglichkeiten gehen mir im Kopf herum.

Einmal noch versucht der *bagnino*, mich in seine Kabine zu ziehen, dabei lächelt er, als sei ihm ohnehin klar, wie ich reagieren würde. Ich schüttle den Kopf, und dann muss er für einige Tage zu seinen Eltern, die noch weiter südlich leben.

Kurz vor unserer Abreise gehe ich an die Theke der Strandbar und sage seiner Chefin, dass ich dreizehn bin. Sie macht Augen.

Ich erzähle es meiner Mutter, weil mich die Ehrlichkeit erleichtert. Meine Mutter findet das dumm von mir. Er wird dir nicht schreiben, wenn er weiß, dass du so jung bist, sagt sie. Und zu seiner Chefin, mein Italienisch sei nicht gut und ich hätte mich mit der Altersangabe vertan, ich sei siebzehn.

Vielleicht fürchtete sie auch um ihre eigene Ehre.

Nach diesen Ferien erhalte ich ein paar Postkarten von ihm, aber die Schrift gefällt mir nicht, sie ist ungelenk, und was er schreibt, finde ich platt, und ich glaube ihm nicht, wenn da steht: *Ti voglio bene*.

Gehst du mit mir?

Er steht auf dem Weg vor unserem Reihenhaus, ein paar Meter von mir entfernt, scheinbar muss er los. Sein Hemd fällt locker, er trägt leichte Schuhe, eine helle Wildlederjacke und lächelt dieses Lächeln, auf das sich mein Brustraum zu ihm öffnet. Außerdem hat er runde braune Augen, eine weiche Nase, und ich sehe noch heute, als wäre es gerade erst gewesen, die Grießkörnchen auf seinen Wangen unterhalb der äußeren Augenwinkel. Seinen Geruch weiß ich auch noch. Jahre später kaufe ich deswegen eine Zeit lang sein Moschus-Deo.

Es ist früher Abend, die Sonne geht unter. Er hat mich zum ersten Mal besucht. Ich weiß nicht, ob wir da schon auf dem karierten Polster meines Sofabetts lagen und knutschten. Ich mit hochrotem Kopf und er mit geschlossenen Augen, auch auf den Lidern Körnchen wie Sand.

Eine Weile schon hatte ich ihn beobachtet. Das allererste Mal, als er auf einer Schulfeier eng mit einem Mädchen tanzte. Da war ich gerade in die fünfte Klasse gekommen, er schon in die sechste. Ich war perplex: dass die Schieber tanzten!

Jetzt hole ich tief Luft und frage: Willst du mit mir gehen?

Er legt den Kopf zurück, lächelt, und dabei bilden sich Fältchen zwischen seinen Brauen, Unschlüssigkeitsfältchen oder Unsicherheitsfältchen oder sogar Selbstüberwindungsfältchen, wie ich im Lauf der Zeit lernen werde. Und sagt: Ich weiß nicht, ich habe so wenig Zeit!

Über diesen Satz lachen wir später. Er mehr aus Selbstironie, weil er so hilflos war, ich, weil er absurd klang. Er lachte ansteckend, laut und nach Luft japsend, und ich liebe Sätze, die gleichermaßen sinnlos wie rätselhaft wirken und dadurch lustig.

Ich war fünfzehn und fühlte mich eigentlich schon mal angekommen. Das wurde mir zwei, dreizehn und noch mal siebenunddreißig Jahre später klar.

In unserer ersten Phase schliefen wir nicht miteinander. Wobei ich nicht weiß, ob wir das damals so sagten: miteinander schlafen. Ich glaube, wir sprachen nicht darüber. Wir machten einfach. Nachmittags, nach der Schule, lagen wir angezogen auf seinem Bett und rieben uns aneinander. Vielleicht waren seine obersten Hemdenknöpfe geöffnet, vielleicht tasteten seine Finger unter meinen BH. Es war mein erster, meine Mutter hatte ihn mir gekauft, dieselbe Marke, die auch sie trug. Der Stoff war etwas steif und kratzte.

Damals zog ich den Bauch nicht ein, denn ich war sehr dünn. Ich hatte mich runtergehungert und fühlte mich glücklich in meinem Körper.

In seinem Zimmer im Obergeschoss stand ein kleines braunes Fläschchen, aus dem es nach Patschuli roch. Wir hörten Fleetwood Mac, die Platte seiner älteren Schwester. Wenn sie abgespielt war, hätte man aufstehen müssen, um sie umzudrehen. Bevor wir sein Zimmer verließen, steckte ich meine Bluse möglichst ordentlich in die Hose und hoffte, dass meine Wangen abgekühlt waren, wenn wir in die Küche kamen. Einmal stand da seine Mutter in Bikinihose und oben ohne, und er tippte mit dem Zeigefinger von unten an ihren Busen, sodass er hüpfte. Es war ein fröhlicher, unverkrampfter und spielerischer Umgang mit Körpern.

Ich kappte den Kontakt zu ihm von einem Tag auf den anderen, nachdem ich dem Jungen vom Bermuda-Dreieck wieder begegnet war. Ich wollte, was ich nicht bekam, und was mir entgegengebracht wurde, schien mir nicht angemessen.

Dabei hatte er mir gerade noch Geschenke gemacht: eine selbst gemachte Marionette, einen mit eigenen Händen geformten Frauentorso aus Lehm, den alle, die mich kannten, für einen Abdruck meines Körpers hielten, ich fand ihn zu dick, und einen Schädel, der einem Totenkopf ähnelte, hätte er nicht die Lippen wie zum Pfiff geschürzt, oder zum Kuss.

Er wechselte die Schule, um mich nicht mehr sehen zu müssen.

Einige Jahre später begegneten wir uns auf einem Fest wieder, saßen schließlich nebeneinander auf einer Parkbank und blickten beim Miteinanderreden aneinander vorbei auf die leuchtende Stadt. Vor uns pinkelten Männer in die Wiese, manche fielen um, und dann kamen Sanitäter mit Tragen. Er hatte sich auch einmal so betrunken, dass er abgeholt werden musste, angeblich hatte er dabei meinen Namen gerufen.

Er saß rechts, ich links auf der Bank, und weil er lächelte und ich seine Wärme spürte, dieses leicht vibrierende Strahlen seiner Haut durch den dünnen Stoff seines Hemdes, und keine Selbstüberwindungsfältchen zwischen den Augen entdeckte, fragte ich, ob wir es noch einmal versuchen sollten.

Ich wollte seine Lippen spüren, mit der Hand über sein Gesicht tasten, meine Mitte an seine drücken, sein japsendes Lachen hören, mich in seinen Geruch hüllen.

Er sagte, Ja, aber nur wenn wir diesmal miteinander schlafen.

Sagte er das so?

Schlafen wie schlummern, träumen, weg sein?

Er war in den Keller seines Elternhauses gezogen, der war hell, in der Mitte des Zimmers stand ein großes Bett, und an der Wand gegenüber hing ein Spiegel.

Darin sehe ich mich, wie ich auf ihm sitze, meine Wangen flirren. Und wenn die Kamera der Erinnerung um mich herum kreist und unsere Gesichter zu erkennen versucht, dann ist da ein Gefühl, als schwebten wir umeinander ineinander in diesem Raum, auf der Matratze, die Decke über den Füßen. Draußen ist es warm, und wir gehen auf eine geradezu instinktive Weise miteinander um, ich habe seinen Schwanz im Mund, weil er da auch hingehört und weil er schön ist und schmeckt. Als trieben wir zusammen in einer Fruchtwasserblase, geborgen, wohlig und rundum in Schwingung.

An Wollust erinnere ich mich nicht. Wahrscheinlich war ich für dieses aus einer Verbindung von Bauch und Kopf aufbrausende Begehren noch zu wenig erfahren.

Man streckte erstmals die Fühler aus, am gesamten Körper. Es war ein Keimen und keine Reife, wir waren Embryos der Sexualität.

Als ich wie üblich an Weihnachten vom Bermuda-Dreieck zurückkam, hatte er eine andere. Ich drückte das Kissen, das nach ihm roch, auf mein Gesicht und spielte mit dem Gedanken, auf meinem Roller aus der Kurve zu fliegen.

Zehn Jahre später, früh am Morgen, die Sonne geht auf. Er sitzt neben mir auf dem Beifahrersitz. Wieder sind wir uns auf einem Fest begegnet, wieder wird es nicht reiner Zufall gewesen sein. Er sitzt an einem langen Tisch inmitten der alten Freunde. Wieder spielen sie Karten, trinken Bier und scheinen immer noch kaum an der Welt interessiert zu sein. Sie sind eng zusammengerückt. Einige Tage zuvor ist der

Freund seiner Schwester tödlich verunglückt, sie ist schwanger. Und ich habe einige Tage zuvor erfahren, dass ich den Mann, den ich für die Liebe meines Lebens halte, nicht mehr sehen soll.

In jener Nacht skizzieren wir die Stationen unserer Jahre. Dabei laufen mir Tränen über die Wangen, ihm nicht.

Er beschreibt die Voliere, die er sich in seine Wohnung gebaut hat, er ist gerade mit einer neuen Freundin zusammengezogen.

Alles ist noch da. Das Ziehen im Brustraum, der Geruch, das Schweben.

Am Morgen hat er die Hand schon am Griff der Beifahrertür, da beugt er sich zu mir, und wir küssen uns. Als unsere Lippen einander treffen, fühlt es sich an, als seien sie füreinander geformt.

Er sagt: Wir sind ineinander verwurzelte Bäume.

Ich sage: Warum hast du mich verlassen?

Du hast mich verlassen!

Ich lege meine Hand auf seinen Oberschenkel, er schließt die Augen und sagt: Lass mich gehen, bitte. Als er die Autotür geschlossen hat, beugt er sich durchs Fenster und sagt: Aber komm nicht erst in zehn Jahren wieder.

Ich habe ihn immer mal wieder gegoogelt. Immer wieder fand ich von ihm nur seine alte Adresse. Ich wäre, das fällt mir jetzt auf, nie auf die Idee gekommen, dort auch nur

vorbeizufahren. Zu groß die Angst vor zwei Möglichkeiten:
Ich bleibe hängen.

Oder ich bin enttäuscht.

Das erste Mal

An was erinnere ich mich? Er hatte eine Enduro, eine stark verspiegelte Porschebrille, dickes Haar. Wie er hieß, weiß ich nicht mehr. Für meine Mutter war er der Gefängniswärter. Heute würde man sagen: Er arbeitete in einer Justizvollzugsanstalt. Ich hatte ihn über meine Freundin kennengelernt. Das Milieu, in dem sie sich bewegte, wirkte auf mich reizvoll. Man fuhr Motorrad und nahm, was kam.

Auch Freundinnen wie ich. Ich war zu Besuch, und ich war der Sidekick.

Dieses Motorrad wollte ich fahren. Um fachmännisch zu klingen, kann ich sagen, es war eine Yamaha XT 600 Z Ténéré, und sie war gerade auf den Markt gekommen. Den Namen fand ich toll, ihr Türkis-Gelb und was man mit ihr anstellen konnte. Man konnte mit ihr überallhin, durch die Wüste und die Berge hinauf. Aber am besten war ihr Sound. Tief, brummend, sonor, wie aus dem Inneren der Erde kommend, wo es sehr warm ist. Wenn man auf ihrem Sattel saß und Gas gab, erzitterte der Brustkorb. Ich wollte an ihrem Griff drehen, ich wollte den Zug nach hinten und das

Zittern in den Armen, ich wollte mit dem Fuß in den fünften und vielleicht sogar sechsten Gang schalten und dabei mit ihrem signalhaften Leerlauf-Knattern spielen. Und vor allem wollte ich im Bauch diesen Rausch: Wenn du rast und denkst, ich schließ jetzt die Augen, und dann fliegen wir.

Ich konnte nicht anhalten.

Dafür war ich zu klein. Meine Beine reichten nicht zum Boden. Der Gefängniswärter ließ mich trotzdem fahren, nahm hinter mir Platz und sicherte an der Ampel den Stand der Ténéré mit ihrem elefantenhaften Buckel.

Ich könnte sagen, er war mein Sozius. Aber das stimmt nicht, wir waren nicht einmal Gefährten. Ich hatte nur einfach Bock, und er natürlich auch. Außerdem hatte meine Freundin die *Bravo* zu Hause, sie rasierte sich die Beine und die Schamhaare, und so bekam ich Lust, auch irgendetwas zu tun.

Es muss ein Apriltag gewesen sein, denn die Apfelbäume blühten, auf dem Berg lag noch Schnee, und das Wasser aus dem Brunnen neben der Hütte war kalt wie Eis. Das machte es drinnen umso behaglicher. Wir knatterten mit anderen durch die Wälder, aßen mit ihnen in der Stube, und als wir uns am Nachmittag in das Zimmer mit den breiten Stockbetten zurückzogen, zwinkerte meine Freundin aufmunternd.

Ich hatte ihm gesagt, es sei mein erstes Mal, er war vorsichtig, und als er von oben in mich kam, tat es ein bisschen weh. Doch dann war ich so stolz, dass ich abends zu meiner Freundin sagte: Ich will das gleich noch mal.

Ich kann mich nicht erinnern, ob es dazu kam und wie es war. Aber ich vermute, ich sah es, wie danach öfter, als eine Art Gymnastik. Vielleicht sogar Sport, mit Überwindung, Übung und Trophäen.

Es nervte mich, als er mich in ein Mike-Oldfield-Konzert unter freiem Himmel einlud. Es bedrückte mich, dass er mir süßliche Worte zukommen ließ. Und ich war geschockt, als er eines Tages vor unserer Haustür stand. Da sagte ich ihm, ich habe keine Zeit, und machte sie wieder zu.

Und zu meiner Mutter: Ach, war nur der Gefängniswärter. Das erleichterte sie.

Darf ich das so stehen lassen? Soll ich? Als spräche aus mir eine gefühllose Maschine.

Ja und nein.

Die Sache hängt ab von der Lebenssituation, ist es gerade die rechte Zeit? Vom Selbstwertgefühl, was lasse ich mir gefallen? Von dem Willen, sich zu öffnen und empfindsam zu machen, und verletzbar.

Und, ja, von der Person.

Nicht mal Liebe schützt vor schlechtem Sex.

Aber: Was ist guter? Und ist das Gefühl dabei dann immer das gleiche? Für alle? Wie fühlt es sich an? Ist es überhaupt ein Gefühl, oder ist es eine Empfindung, Chemie oder ein Zustand?

Und ist Sex wichtig?

Ja. Weil mein Leben in meinem Körper stattfindet. Er ist das Instrument, er wird zur Landkarte, er ist das Vehikel durchs Leben, und es kann vorkommen, dass wir auf derselben Welle surfen. Aber das ist sehr selten.

Entdeckung

Ich bin vielleicht siebzehn und nachmittags im Badezimmer, es ist weiß gekachelt, beinahe steril. Ich habe Ohrstäbchen gefunden, wir haben die eigentlich nicht zu Hause. Mein Vater arbeitet in seinem Zimmer, meine Mutter in ihrem Büro in der Stadt.

Ich sitze auf dem Klodeckel und probiere ein Ohrstäbchen aus. Damit gehe ich direkt ans Zentrum und taste an dem kleinen Knöpfchen, tupfe auf die Spitze, von vorn sieht es aus wie ein umgekehrter Tropfen. Es ist wie erschreckt, empfindlich, rühr mich nicht an. Ich kreise mit dem Stäbchen langsam darum herum und merke, dass es eher länger ist – wie ein Fühler. Drücke sanfter und fester, seitlich und selbstvergessen und vielleicht ein bisschen so, wie wenn man den Finger befeuchtet und dann auf dem Rand eines Weinglases kreisen lässt, so behutsam und andauernd, bis es anfängt, unter dem Finger zu kribbeln, und dann spürt man das Vibrieren, und es beginnt zu klingen.

Aber das ist nur ein Bild, plötzlich kommt dieses Gefühl.

Es war einzigartig, es war besonders.

Ich war überrascht. Ich hatte es lang nicht gehabt. Aber es kam mir bekannt vor aus meiner Kindheit. Der Zeit, in der man noch im Gras liegt und von unten die Hummeln auf den Blüten betrachtet. Wie die Wolken Gesichter machen und ziehen. Filme auf der Haut spürt. Und in der alles weit weg ist, wie hinter der schillernden, schwebenden Blase, in der man treibt, selbst die Stimmen der Eltern, die von anderen Kindern und die Geräusche der Autobahn. In jener Zeit steckte ich mir manchmal eine Murmel in die Unterhose, wenn ich abends im Bett lag, und wenn man die Pobacken anspannte, kam dieses Gefühl.

Vielleicht war ein Ansatz davon da beim Barbie-Busen-Aufeinanderdrücken, beim Tierespielen und wenn wir uns durch Stoffe hindurch aneinander rieben. Aber eher unterschwellig, wenn sich Spannung aufbaut, die doch nicht zum Erlösen kommt.

Wenn das Glas vibriert, aber nicht singt.

Meinen Körper zum Klingen zu bringen, scheint vor allem für Fremde eine hohe Kunst.

Einige Jahre zuvor lag ich einmal auf dem Teppich meines Zimmers, nackig, und strich gerade mit den Händen von meinen Brüsten, sie waren schon rund, über die Taille, den Bauch und die Oberschenkel und wieder hinauf, als die Tür aufging, meine Beine in ihre Richtung, und meine Mutter ausrief: Was machst du denn da?

Ich will das im Nachhinein nicht überbewerten. Es fällt

mir nur ein. Wie vieles andere kommt es mir in diesem Zusammenhang nicht überflüssig vor. Jede konstruiert sich ihre eigene Geschichte.

Die erste Beziehung

Unseren letzten Sex hatten wir in einem billigen Hotelzimmer einer mexikanischen Kleinstadt, und dabei hatte unsere Reise da gerade erst begonnen. Zum ersten Mal geküsst haben wir uns über einen grünen Maschendrahtzaun hinweg. Das ist mir in Erinnerung geblieben, genauso wie die beiden unterschiedlichen Schuhe, die er trug, einer grün, einer rot.

Vielleicht war immer etwas zwischen uns. Nicht nur Abstand, mehr als das: eine Hemmung.

Er hatte einen klaren Kopf, ebenso klare Augen und den Willen, alles anders zu machen als die vor ihm, die Alten. Wir kamen zusammen, kurz bevor die Schule uns entließ. Er war eine Brücke in die Welt und in das Leben, das vor uns lag. Ich fürchte, ich war nicht wirklich verliebt.

Als er für einige Monate ins Ausland reiste, weinte ich trotzdem. Da ging meine Mutter mit mir ins Kino, Nachmittagsvorstellung, Überlänge, und sagte anschließend: Und jetzt reiß dich zusammen!

An einem unserer ersten Abende saßen wir auf dem Auslegeteppich unter seinem Hochbett, er hatte eine Jazz-Platte aufgelegt, und ich hörte seine Eltern im Nachbarzimmer stöhnen. Es war mir peinlich, ich hatte sie noch nie gesehen. Ihn schien es nicht zu stören.

Oben auf der Matratze war sein ganzer Körper steif. Wir waren kaum hochgeklettert, wir hatten uns noch nicht mal ausgezogen, da war es von seiner Seite aus schon geschehen. Sicher war er sehr aufgeregt, es war sein erstes Mal. Als wir kurz darauf wieder auf dem Teppich saßen, öffnete seine Mutter die Tür und zwitscherte: Hallo. Erst viel später fiel mir auf, dass das Stöhnen von der *Köln-Concert*-Platte von Keith Jarrett gekommen war.

Wir hatten in etwa das, was die Leute eine feste Beziehung nannten. Ich verstand den Begriff nicht. Gab es lockere Beziehungen? Ist nicht Beziehung, wenn sich zwei aufeinander beziehen – egal, wie? Ich bezog mich oft intensiv und ausdauernd auf jemanden. Selbst wenn mein Verlangen nicht erwidert wurde, und vielleicht gerade deshalb.

Meine Freundin setzte sich mit sechzehn zu ihrem älteren Freund auf den Beifahrersitz, schlug die Beine übereinander, legte ihre Hand über seine auf der Kupplung und klappte den Innenspiegel herunter, um sich die Lippen nachzuziehen. Ich saß hinten, wie das Kind, und dachte: Wieso spielen die schon Ehepaar, sie sind doch noch jung!

Dennoch bezeichnete ich die Beziehung zu dem Mann

mit den verschiedenen Schuhen als meine erste »normale« Beziehung. Noch heute in Anführungszeichen. Vielleicht wollte ich herausfinden, ob ich so was auch konnte.

Um mich an die Körperlichkeit dieser Beziehung zu erinnern, muss ich lange nachdenken. Kaum Bilder und Bewegungen fallen mir ein, kaum Vielfalt. Eine gewisse Flachheit der Gefühle, wenig Begehren. Und auf die Länge der Freundschaft eine erstaunliche physische Leere: Wir waren als junge Menschen einige Jahre zusammen, warum kann ich mich kaum an Sex erinnern?

Viel eher an die Stoffe, die er trug, das Kratzen seines Tweedmantels oder die synthetische Glätte seines Trevira-Anzugs, ebenso an das wässrige Blau seiner Augen, das Orangerot seiner gefärbten Haare und seine leicht übereinanderstehenden Schneidezähne. Warum kommt da kein oder kaum körperliches Empfinden, Kribbeln, erotisches Gefühl?

Warum ist alles so fragmentiert?

Ich erinnere mich nicht, wie wir über unsere Körper sprachen und ob überhaupt. Fehlten uns Worte, hatten wir nicht den Mut? Lust kam auch mit ihm im Tun. Aber Anziehung nur über den Kopf, er hatte einen offenen Geist.

Kam es je zu einer Gleichzeitigkeit des Gefühls? Kann es sein, dass ich seinen Körper nicht fühlte? In seinem Oberkörper war eine Steifheit, als hinge er zwischen den Schulterblättern an einem Bügel. Auf den ersten Blick wirkte das elegant. In einem Smoking hätte er sich gut gehalten. Aber wenn ich ihm nah kam, fühlte es sich an, als müsste er tief unten im Bauch die Luft anhalten, wie um Oberwasser zu bekommen. Und so war es, als entstünde im Unterleib ein Unterdruck. Er kam immer sofort.

Er war ein schöner Mann. Einer jener schönen Männer, nach denen sich viele umdrehen. Die aber selbst nicht stehen bleiben. Vielleicht aus Angst zu versagen.

Waren wir beide befangen?

Unser Akt war stets schnell erledigt. Darüber redeten wir nicht. Sobald die Sprache auf Sex kam, eher von außen als von mir, auch ich war sprachlos, schien er die Luft anzuhalten, warf einen tiefen Blick aus seinen wässrigen Augen und senkte dann die Lider für den Rest der Unterhaltung. Wir verkehrten wie in einem Vakuum.

Zu seiner Zeit muss ich mich an mein kleines Zentrum herangetastet haben. Allmählich fanden wir heraus, dass auch ich zu einem Orgasmus zu bringen war, wenn man es auf eine bestimmte Weise stimulierte, und so lag ich auf ihm wie ein umgedrehter Käfer, und es war, über Monate und Jahre, als schraubte man mit dem immergleichen Werkzeug an dem immergleichen Knöpfchen. Bis auf die Genitalien alles wie gelähmt.

Die Matratze auf dem Bett im mexikanischen Hostel ist breit, wo das Laken verrutscht ist, sieht man Flecken, und ich schaue, wenn ich die Augen öffne, auf Glaslamellen vor einem Schacht. Ich habe ihm am Morgen die Hose heruntergezogen und das T-Shirt, wir schliefen angezogen nebeneinander.

Aus meinem Bauch treibt eine Kraft meinen ganzen Körper zum Anschlag. Aus der Brust käme ein Brüllen, würde ich mich nicht zügeln. Ich will es einfach mal anders.

Beim Frühstück sagte er mit versteinertem Gesicht: Was du da gemacht hast, war wie eine Vergewaltigung.

Einige Monate später fragte er, warum wir keinen Sex mehr hatten. Ich rührte ihn nie wieder an.

Er wurde Körpertherapeut.

Als es zwischen uns vorbei war, sagte ich: Der Sex war nicht so wichtig, und das hatte ich vermutlich auch während unserer Beziehung gedacht. Wenn ich ehrlich bin, und das bin ich diesbezüglich ungern, denn es fühlt sich inzestuös an, dann hätte ich sagen sollen: Wir waren wie Brüderlein und Schwesterlein oder beste Freunde.

Ich weiß nicht, wie er es empfand, was er darüber dachte und ob er je Worte dafür fand. Nicht einmal mit Freundinnen sprach ich darüber, obwohl manche später auch mit ihm zusammen waren.

Wir sprechen alle selten über Sex. Obwohl er andauernd passiert, verrückt. Was spüren die anderen dabei? Alle das Gleiche? War was ich tat und fühlte normal? Oder ginge es auch ganz anders?

Ausprobieren

… neun, zehn, elf. Bei der ersten Beziehung hörte ich vorübergehend mit dem Zählen auf, und bei der nächsten »normalen« Beziehung viele Jahre später wieder. Als wollte ich
innehalten in einer Auflistung, die mich zu treiben schien.
Nummer XY, und stopp. Irgendwann habe ich ganz aufgehört mit dem Zählen, weil ich eigentlich keine Erfahrungen
mehr sammeln wollte.

Über die Anzahl sprach ich genauso wenig wie über den
Sex. Und frage mich, ob ich mir das, was sich dahinter ver-
birgt, nicht eigentlich angetan habe. Und vor allem, warum?

So viele waren es gar nicht, aber mehr als genug. So viele,
dass ich mich an vieles nicht erinnere. Nur wenn ich mich
anstrenge beim Versuch der Erinnerung, einer Art abwärts
führender Einkreisung, fallen mir Namen und Szenen ein.
Jahreszeiten, Tageszeiten, Haarfarben, hell und dunkel,
Gesichter, eher schemenhaft, und Körperteile und Gerüche.
Nach oben gegelte Haare. Volle, geschwungene Lippen.
Makellose Zähne. Sommersprossen. Der Duft von Rasier-
wasser, billigem, würde meine Mutter sagen. Ein harter

Schwanz, umgeben von dunklem Haar, der sich auf mein Gesicht zubewegt und dann tief und tiefer in meinen Rachen eindringt, und ich muss würgen, das gehört offensichtlich dazu. Körper, die mich bedrängen, und Körper, so unsicher wie ihr Händedruck. Der Geruch von Rauch, müffelnder Haut, Hunger, ungemachtem Bett. Ungewaschen in die Klamotten und ungewaschen dann auch in den Mulden und zwischen den Beinen, Urin und Sperma, aber bestimmt gehört das dazu, und manchmal versuchte ich, die Luft anzuhalten, und wahrscheinlich roch ich ja auch, ich mochte Parfum.

Eine breite Zunge und Finger in meiner Hose. Hinter den Autos auf dem Parkplatz neben der Kneipe. Er sagte, du hast einen schönen Venushügel, und ich sagte nichts, weil ich nicht verstand, was das sein sollte.

Eine Nacht, in der ich mich von meinem Zimmer in den Hobbyraum zu meinem Gast schlich und ihm dabei zusah, wie er mich herumwirbelte von einer Stellung in die nächste, oben, unten, vorne, Seite, hinten – als wär's eine Nummernrevue. Wo hatte er das her? Glaubte er, das müsste so sein?

Einer mit einem außergewöhnlich kleinen Schwanz, den ich, so leid es mir in der Theorie tat, wirklich nicht ernst nehmen konnte.

Einer im Weinberg, viel älter als ich, er studierte Medizin und wollte Frauenarzt werden. Er schien mich gekonnter zu behandeln, aber ich wollte das gar nicht, ich wollte zwar mitmachen, wollte jedoch da nicht berührt werden, wo ich empfindlich bin, nicht von einem Fremden, selbst wenn ich ihn begehrte.

Wollte ich nur gefallen?

Grenzen erforschen?

Leben lernen?

Im Spannungsfeld zwischen Begehren und Verführung sagte ich selten Nein. Ich wollte keine Spielverderberin sein und war abenteuerlustig und neugierig. Ein weiteres Mal gab es von beiden Seiten nicht oft. Danach kam bei ihm zumeist eine Kälte auf wie nach getaner Arbeit, erledigt, abgehakt, abgelegt. Und bei mir eine vorauseilende Coolness. Ausgenutzt sagte man: Lass dich nicht ausnutzen von dem! Und: Mach dich rar!

Ersteres tat ich doch auch, dachte ich: den anderen »benutzen«. Zu meiner Unterhaltung? Für meine zu füllende Liste? Sammelte ich Erfahrungen, wie man reist und Augenblicke knipst?

Zweiteres war unmöglich. Wie konnte man sich, wenn man jemanden begehrte, rarmachen? Habenwollen und Zurückziehen zugleich – das gelang mir nicht.

Staunend sah ich an anderen Mädchen und Frauen, dass sie diese Zauberei offenbar beherrschten und dadurch das Begehren von Verehrern steigerten. Es hätte ein wohldosiertes Bluffen erfordert. Vor den anderen und vor mir selbst. Dazu war ich nicht fähig.

Und nicht bereit. Ich war mit der roten Zora aufgewachsen und nicht mit rosa Prinzessinnen, wir Frauen wollten doch, wie man später sagen würde, Subjekt und nicht Objekt des Begehrens sein. Ließen die anderen ein eigenes vielleicht gar nicht zu? Begann nicht meine Freundin immer erst dann zu begehren oder ihr Begehren zu zeigen, wenn sie sicher war, dass sie begehrt wurde?

War das nicht schlau? Ersparte Enttäuschungen. Statt erschreckende Begeisterung. Oder Amüsement auf Augenhöhe. Es war die Zeit nach der sexuellen Befreiung, und Aids gab es noch nicht. Alles sollte möglich sein.

Ein einziger Mann hat mich später mal geküsst, bevor ich es tun wollte, es törnte mich ab.

Einer verweigerte sich, er war schwul.

Kein Einziger machte sich nach dem ersten Kuss rar.

Den für die Eltern perfekten Schwiegersohn ließ ich sich heiß reiben, ohne dass er mir näherkommen und in mich eindringen durfte. Als ich mir eingeredet hatte, seine dünnen Haare, seine schmächtige Brust, seinen Mut zu kitschiger Musik und seine verzweifelte Verliebtheit nicht länger ertragen zu können, zeigte ich ihm kalt die Schulter. Obwohl mir das Sinnliche seines Körpers gefiel, sanft war er und drängend und voller Hingabe und Rücksicht, und seine Küsse überfielen mich nicht, sondern ich habe sie genossen.

Leidenschaft erfordert Langmut. Mitgefühl, Reife, vielleicht sogar Weisheit. Man muss das Brennen des anderen aushalten können, auch in Momenten, in denen man selbst nicht liebestrunken ist.

Du bist ja nur verliebt ins Verliebtsein, sagte meine Mutter.

Wenn mein Begehren erkaltete, listete ich eben Gründe für Ablehnung auf, es lassen sich immer welche finden. Man beginnt an der Oberfläche, der Haut, und geht in die Tiefe, an den Charakter, und zählt ab: drei, zwo, eins …

II. AKT

(20–30)

Auf der Pirsch

Als ich ihn entdeckte, ging die Sonne auf. Er saß links unten im Auditorium Maximum, die Vorlesung über psychoanalytische Literaturinterpretation schien ihn mehr zu begeistern als mich. Ich hatte mich rechts oben hingesetzt und ließ meinen Blick schweifen. Die meisten Hörer waren weiblich.

Gerade erst hatte ich die Pille abgesetzt, ich fühlte mich frei. Frei und leicht. Frei und leicht und beflügelt. Wie eine kleine Fliege oder eher wie eine Mücke, die können stechen.

Er hatte blondes kurzes glattes Haar, helle Haut, bestimmt blaue Augen, und seine Nasenspitze sah aus der Ferne aus, als sei sie seidig. Alles um ihn wirkte hell und weich. Nicht unbedingt sanft, dazu blickte er zu zielgerichtet nach vorn. Als er aufstand und die Treppe hochging, trug er den Kopf leicht arrogant in den Nacken gelegt.

Eigentlich war er nicht mein Typ. Mich zog das Dunkle an. Doch einmal wollte ich auch dem Hellen auffallen. Er strahlte.

Bei der nächsten Vorlesung blieb ich oben stehen, um nachzusehen, ob er wieder links unten vor dem Pult saß.

Dann setzte ich mich wieder rechts oben hin, aber rückte zwei Reihen und zwei Sitze näher an ihn heran. Nicht zu nah. Unsere Blicke sollten sich aus der Distanz begegnen.

Nachdem die Türen geschlossen waren, sich alle hingesetzt hatten und bevor der Professor zu sprechen begann, drehte er sich einmal um und schaute nach oben. Die Geste hatte etwas Selbstbewusstes, als wäre er der Assistent. Oder ein Musterschüler. Vielleicht, dachte ich, tut er es aus Unsicherheit. Weil er mich schon beobachtet hat, wie ich ihn, und nun so tun will, als begegneten sich unsere Blicke zufällig?

In der darauffolgenden Woche ging ich ihm nach. Ich musste es so anstellen, dass ich über meine Treppe schnell genug hochkam, um ihn nicht aus den Augen zu verlieren, aber ich durfte auch nicht zu hektisch sein, um seine Aufmerksamkeit nicht zu erregen. Also rannte ich nicht die Stufen hoch, sondern machte große kräftige Schritte und als ich aus der Flügeltür in den breiten Gang trat, wieder normale. Da stand er in einem Grüppchen mit Frauen und unterhielt sich, den Kopf leicht im Nacken. Also mit Distanz. Es wirkte nicht, als sei er an einer von ihnen interessiert.

In einer der nächsten Vorlesungen begegneten sich tatsächlich unsere Blicke. Obwohl ich es nicht wollte, ließ ich meinen etwas länger auf ihm ruhen, was mir anschließend peinlich war.

Dann kam der Tag, an dem ich ihm in ein Seminar folgte,

in dem es auch um psychoanalytische Literaturinterpreta-tion ging. Da saß man in kleinerer Runde näher zusammen.

Wie wir zueinanderkamen, weiß ich nicht mehr, aber ziemlich sicher habe ich ihn angesprochen. Zuvor hatte ich im Plenum dem Professor gegenüber etwas Vorlautes gesagt und war dann rot geworden. Ich blickte nicht zu ihm hinü-ber, sondern hielt die Luft an, beugte mich zu meiner Tasche hinunter und tat so, als suchte ich etwas darin.

Ziemlich sicher habe ich ihn zuerst geküsst. Seine Haut war tatsächlich weich, und er war auch innerlich hell. Unsere Körper harmonierten. Ich kann mich an nichts Auffälliges erinnern, Ausschläge nach unten oder oben. Unsere Ideen und Interessen trafen sich auch. Ich besuchte ihn sogar ein-mal in seiner Heimatstadt, als sein Gastsemester vorüber war. Seine Freunde waren etwas glatt.

Es hätte einfach so weitergehen können.

Und es tat weh, als er sagte, er wisse gar nicht, warum er nicht verliebt sei, denn im Grunde sei doch alles richtig an mir, ich sei eine starke Frau und der Sex sei auch okay. Er halte sich für einen modernen Mann, aber irgendwie hätte er doch lieber eine Prinzessin. Eine Frau – und vielleicht sagte er sogar: ein Mädchen, damals sagte man zu jungen Frauen Mädchen –, etwas kapriziöser und zarter.

Eine glitzernde, makellose Schönheit, dachte ich, die hat, was ich nicht habe: die Fähigkeit, sich zu zieren, und Klei-dergröße XS. Eine, die man retten kann und erobern muss.

Ein Wochenende

Am Freitagvormittag klingelt er an meiner Wohnungstür, er hat heute frei. Er ist am Empfang der Firma tätig, für die wir arbeiten, ich als Studentin nur an Samstagen. Sein Grinsen ist spitzbübisch, er lispelt, und wenn ich vor ihm stehe und mit ihm rede, legt er die Beine auf seinen Empfangstisch und den langen dicken Zeigefinger auf seine Nasenspitze.

Er drückte mich, während ich Kopien anfertigte, von hinten an das Gerät und umfasste meine Brüste mit seinen großen Händen. Die Büros hatten Wände aus Glas, aber niemand beobachtete uns. Trotzdem war ich nervös und zog meinen Oberkörper ein. Er presste sein Becken an meinen Hintern, bevor er ging, und als ich am Empfang vorbeikam, schrieb ich meine Adresse auf seinen Tischkalender.

Ich sagte ihm, er habe einen großen Schwanz. Alles an ihm war groß für mich. Das machte mir auch ein bisschen Angst. Aber gerade so viel, dass man sie überwinden möchte.

Später sagte er, er habe Männer in der Dusche seines Vereins gefragt und die hätten gesagt, er sei ganz normal groß.

Stimmt nicht, sagte ich. Nicht, um ihm zu zeigen, dass ich Expertise hatte, sondern um ihn stolz zu machen. Ich hatte das Gefühl, er verehrte mich ein bisschen zu sehr.

Für den Abend hatte ich mich mit einem anderen aus dieser Firma verabredet, der viel älter als ich und gebildeter war. Wir unterhielten uns in verschiedenen Bars und verwendeten Fremdwörter, er auch oft lateinische Zitate. Ich hatte den Eindruck, hinter der Maske war ein feinfühliger Mensch. Und dass er etwas beweisen musste, er hatte einen autoritären Vater.

Obwohl ich ihn zu unserer Verabredung aufgefordert hatte, machte ich keinerlei Anstalten, ihn zu küssen, und als sich die Tanzfläche der Bar allmählich leerte, sagte er: Jetzt reicht's! Und drückte mir seine Lippen auf den Mund. Sie waren angenehm, wie gepolstert, und ich ging mit zu ihm. Nicht weil ich wollte, sondern weil ich meinte, es sei meine Pflicht.

Oder meine Schuld? Ich hatte ihn herausgefordert, ihn gereizt, ihm Lust gemacht. Jetzt konnte ich keinen Rückzieher machen, das wäre nicht fair gewesen.

Auf dem Weg zum Bett verlor ich öfter mein Begehren.

Spaß machte das Spiel der Verführung, der Schlagabtausch, bis zu dem Moment, an dem mir klar wurde: Jetzt könnte es passieren. Dann hätte es von mir aus aufhören sollen.

Ab dann nutzte ich diesen Mechanismus des Begehrens.

Er funktioniert wie auf Knopfdruck: Kuss, Berührung der Brust, und sobald ich den harten Schwanz spürte, wollte ich ihn in mir haben. Vermutlich ist das reine Wollust.

Ich tat meine Schuldigkeit.

Seine Scham roch nach einem langen Tag, er hatte sich nicht gut geputzt.

Beim Frühstück sagte ich ihm, dass ich nicht bleiben und nicht wiederkommen würde.

Tags darauf gab es mittags ein Fest in unserer Firma. Es war Frühling. Auf dem Brunch-Buffet lagen neben den Salaten und dem Sekt große Tüten mit Gras.

Verschossen war ich eigentlich in den Chef, doch hatte ich das Gefühl, dass er es nicht merkte oder ignorierte. Er war ein gut aussehender Mann, schien aber desinteressiert an Körperlichkeit. Er hatte diesen zerstreuten und nach innen gerichteten Blick, der ihn wie automatisch grüßen ließ. Oft griff er sich gedankenverloren in die Haare.

In enger werdenden Kreisen streifte ich um das Buffet und ihn herum. Schließlich stellte ich mich vor ihm auf, brachte aber keinen Ton heraus.

Wenig später fand ich mich auf der Dachterrasse des Hauses wieder, wo ich mich übergab. Es war still, windig und heiß, und ich wollte nichts außer: liegen bleiben. Als könnte ich so erstarrt vor mir selbst fliehen.

Irgendwann kam der Mann vom Empfang und brachte mich auf seinem Motorrad zu mir nach Hause. Ich schlief bis zum nächsten Morgen. Im Bad schlug ich, als ich am Spiegel vorbeimusste, die Augen nieder.

Heute frage ich mich, wie ich wieder auf die Arbeit gehen konnte.

Vielleicht waren wir da alle etwas überdreht.

Amour fou

Im Morgengrauen nach unserer ersten Nacht schälte er sich aus der Decke und zog seine Hose an. Zwielicht lag im Raum, ein Ein-Zimmer-Apartment mit Bad und Kochnische, aus dem Fenster blickte man auf eine nüchterne Sechzigerjahre-Hochhausfassade, die Wohnungstür führte zu einem Außengang. Die Wände hatte mein Kurzzeitvermieter dunkel gestrichen und mit gelben und rötlichen Figuren bemalt. Neben der Matratze auf dem Boden standen große hölzerne Kerzenständer.

Als wir nachts gekommen waren, hatte ich die Kerzen angezündet, und der Mann neben mir hatte sich umgesehen und gesagt: Das ist ein furchteinflößender Raum. Er sagte es auf Englisch, mit einem Akzent, den ich zuvor nie gehört hatte. Er zog die Vokale über die Lippen und rollte leicht das R.

Scary room.

Das fand ich nicht, ich fand den Raum originell im Vergleich zum Rest des Hauses. Ich lachte, denn ich dachte, er meinte es ironisch. Erst viel später kam mir der Gedanke, dass er Angst gehabt haben musste. Wie eigenartig das wohl alles für ihn gewesen war, wie ein anderer Planet.

Ich empfand weniger Angst als Erregung.

Wir waren durch die Straßen zu meiner Wohnung gerannt, und als ich nicht sofort den passenden Schlüssel fand, begann ich fast zu zittern. Für mich war von dem Augenblick an, als ich ihn zum ersten Mal auf dem Foto im Programmheft gesehen hatte, klar: Diesem Menschen will ich verfallen. Denn er kommt von der anderen Seite des Mondes, der melancholischen. Und als er schließlich vor mir stand, nein, hockte, umso mehr.

Ich blieb im Bett liegen, es war zu früh zum Aufstehen, zog die Decke unters Kinn und beobachtete, wie er sich anzog, mir den Rücken zugewandt. Er schloss den Gürtel seiner Stoffhose, sie hing locker wie sein T-Shirt, das gebügelt war. Er war feingliedrig und groß und auf eine elegante Art schlaksig. Dann sagte er: Glückwunsch, du bist die erste Frau, die meine Beine zu Gesicht bekommt!

Vermutlich erwiderte ich nichts. Weil ich es nicht verstand.

Bei uns im Ghetto, sagte er in diesem Englisch, das sich im vorderen Mundraum entwickelt, bei uns im Ghetto lässt man die Hosen nicht runter, da gibt's nur Rabbit-Fuck.

Heute glaube ich, er war seit Langem der erste und für noch länger der letzte Mann, den ich mich spüren ließ, in mir spüren ließ. Sein Glied erschien mir so elegant wie seine

Arme und Beine, und seine Schamhaare waren kurz ge-
kräuselt, viel kürzer als seine Haare, die wie Würmchen von
seinem Kopf abstanden. Unter den Achseln kräuselte sich
sogar sein Deo, wie Schnee auf Ebenholz.

Später tat der Sex mit ihm manchmal weh, aber nicht am
Anfang, als noch nichts zwischen uns war, nicht seine Distanz und nicht mein Kopf.

Das war die Zeit, zu der ich zugemacht haben muss.

Er legte mich auf die Kühlerhaube eines Autos. Als ich die
Augen wieder öffnete, blickte ich in die Laterne, die uns
bestrahlte, und als ich den Kopf zur Seite drehte, auf die
Hotellobby hinter den Autos. Da saßen noch seine Kollegen.

Er war in die Lobby gekommen, unsere Blicke trafen
sich, nicht zum ersten Mal an diesem Tag, er setzte sich allein an die Bar, ich ging zu ihm hinüber. Wir tauschten
Name, Alter, Herkunft, Anspielungen aus, er wunderte
sich, ich sähe viel jünger aus, ich war Mitte zwanzig, und
ich mich darüber, wie unser Schlagabtausch in der fremden
Sprache flutschte.

Als ich schließlich sagte: *Hello, I'm the girl from suburbia*,
spitzte er seine vollen Lippen, damit die Mundwinkel niemandem verrieten, dass er sich freute.

Solch volle Lippen hatte ich noch nie geküsst. Man musste
darin versinken.

Lass uns hochgehen, sagte er.

Doch in sein Hotelzimmer wollte ich nicht. Ich wollte mich nicht wie ein Groupie fühlen. Ich wollte aber auch nicht, dass die Sache nach wenigen Sekunden auf der Kühlerhaube erledigt war. Sondern ihn in meiner Höhle haben und nicht mehr hinauslassen.

Zwei Tage später wachte ich doch in seinem Hotelbett auf. Er lag auf der Seite und schlief. Durch die weiße Gardine diffuses Licht, die weiße Decke über seiner Hüfte, der Rücken mir zugewandt auf dem weißen Laken. Ich betrachtete seine dunkle Haut und fragte mich, ob es statthaft sei, sie so viel schöner zu finden, oder auch wieder oberflächlich.

Hast du nicht, fragte er in einer der folgenden Nächte, meine Narben gesehen?

Ich suchte in seinem Gesicht, seine Augen tiefschwarz wie Steinkohle. Unter dem linken ein heller Halbkranz, als hätte sich Stacheldraht abgedrückt.

Die ist von einem abgebrochenen Flaschenhals, sagte er, und die, er zog sein gebügeltes T-Shirt hoch und deutete auf einen hellen Fleck von etwa einem Zentimeter Durchmesser auf dem linken Brustkorb, von einem Schuss. Die hier, er drehte sich um und hielt den Finger auf einen Strich quer über den Oberschenkel, rechts und links davon in großen Abständen helle Punkte, von einer Axt. Darf ich vorstellen, sagte er und spitzte seine Lippen: die Landkarte meines Körpers. Dann drehte er sich weiter und deutete auf Striche und Punkte von Messern, Stichen und Zigaretten.

Er lehrte mich das Schweigen. Und wie lang die Scham anhalten kann, ein ganzes Leben. Über einen Kommentar zu viel, und sei er noch so schlagfertig.

Ich bin ein Bad Boy, sagte er am dritten Tag, und wir werden uns wehtun.

Zweiteres glaubte ich ihm, doch ich lachte. Ich wollte nicht die Wut sehen, sondern die Traurigkeit und das Entsetzen und mich mit dem anderen, diesem ernst zu nehmenden Leben in Beziehung setzen. Es war das Alter, in dem man sich mit Erfahrungen interessant machen zu müssen glaubt.

Wenn ich mit ihm durch die Straßen ging oder irgendwo stand, drehte er sich plötzlich ruckartig um und blickte prüfend über die Schultern. Anfangs fragte ich mich, ob es ein Tick war, aber weil es nach einigen Wochen abnahm, glaubte ich, es war ein Trauma.

Gefragt habe ich nicht. Vieles ließ ich in der Schwebe. Weil ich mich nicht traute. Und vermutlich auch, weil es mein Mitgefühl befeuerte.

An einem Nachmittag sitzen wir vor einem Café. Ich ziehe die Jacke aus, die Sonne scheint auf meine Unterarme, ich schließe die Augen und spüre, wie sich die Härchen aufrichten, nach einem langen Winter. Er trägt immer eine Wollmütze und trinkt immer Tee, auch wenn ich es heiß finde. Als ich die Augen wieder öffne, liegt auf dem Tisch ein kleiner, ausgerissener Zettel. Er schiebt ihn mit dem Zeigefinger zu mir hin. Darauf steht: 17 Uhr im Park, *bring your drums*!

Ich lache laut auf.

Mit funkelnden Augen sagt er, das ist nicht lustig. Und dann lacht er doch und sagt: Ich muss die Mädchen im Park wohl enttäuschen. Sie denken, ich hätte Drums, einen langen Schwanz und Musik im Blut.

Zu meiner Freundin sagte ich schon nach wenigen Tagen: Wir hören die gleiche Musik. Wir lesen die gleichen Bücher. Wir lachen über die gleichen Dinge, und wenn der eine einen Satz beginnt, kann der andere ihn zu Ende führen, er ist die Liebe meines Lebens.

Er sagt, du bist meine Seelengefährtin, und ich sage, ich liebe dich.

Darauf erwidert er, was er immer wieder so stehen lassen wird: Ich weiß.

Dadurch fühle ich mich, als wollte er mich auflaufen lassen, ins Leere, und frage mich, ob man das in seinem Englisch so sagt und damit meint, was ich eigentlich hören möchte.

Auch unsere Körper scheinen sich in der Übersetzung zu verlieren.

Es klingelt an meiner Tür, und im Sucher sehe ich seine glänzend schwarzen Pupillen, die sich in die Iris weiten und von dicht gebogenen Wimpern umkränzt sind. Ich öffne, wir fallen ineinander, werfen die Kleider ab, stürzen auf den Boden, ich liege unter ihm und fühle seine schmatzenden Küsse, streiche über seine trockene Haut und hoffe, hätten wir doch diesmal Zeit, mehr Zeit, endlich Zeit, damit seine, meine, unsere Berührungen sich nicht wieder in der Geste erschöpfen. Sondern näherkommen und anhalten und an der Oberfläche aushalten, was im Bewusstsein ist. Anstatt nur flüchtig anzutasten, als seien unsere Häute zu heiß.

Doch dann kommt er schon, als könnte er sich und uns mit regulärem Verfahrensablauf aus einer beängstigenden Umarmung winden. Er macht dabei keinen Mucks. Vielleicht hat er das so gelernt, im Ghetto. Weil es sonst alle hören könnten, auf der Straße, im Hinterhof und in dem Haus, das er Hütte nennt.

Dann sitze ich auf ihm, als wären wir vom Galopp in einen Leerlauf gefallen. Es fühlt sich ähnlich an wie das »Ich weiß«. Ein Raum, der bis in den letzten Winkel voller Resonanz sein könnte, aber aus unerfindlichen Gründen den Hall verweigert. Taub, hohl, stumm.

Er sagt: Wenn ich mal tot bin und die Leute dich fragen, sag ihnen bitte, dass ich nicht schwul war.

Später macht er eine Szene, die mich noch mehr zum Lachen reizt. Wir sitzen mit seinen Kollegen zusammen in einem Zimmer und plötzlich zitiert er einen von ihnen vor die Tür. Ich hatte mich mit ihm unterhalten, über das Klima in unseren Heimatstädten. Draußen droht er ihm allerhand Dinge an, so laut, dass es alle mitbekommen. Doch ich habe das Gefühl, es geht dabei nicht um mich. Nur um die anderen. Und um das, was ich vielleicht für sie darstelle. Eine weiße Trophäe?

Einmal fahre ich in der Nacht mit dem Taxi quer durch die große Stadt zu seinem Hotel und versuche, auf die Kopfstütze vor mir zu starren, als wäre nichts. Die Taxifahrerin, denke ich, hält mich sicher für eine Nutte. Dabei habe ich doch extra die schwere Arbeiterlederjacke angezogen.

Als ich in sein Hotelzimmer trete, lässt er das Handtuch von seinen Hüften fallen, wirft sie grinsend hin und her, dass sein Schwanz auf die Haut klatscht, und ruft kichernd: Hör mal, mein Drumstick, ding dong!

Seine kichernde Körperlichkeit wirkt angenehm unbedrohlich. Spielerisch, offen. Unaufdringlich, heiter. Ich liebe sie.

Einmal stellten wir uns auf das Hotelbett, und in dem Spiegel, der über der Kommode hing, sahen wir unsere Beine, lange Muskeln, schlanke Fesseln, zwei hell, zwei dunkel, wie von einem gestreiften Zebra. Wir sagten nichts. Wir standen nur so, schweigend. Als versuchten wir, uns in stillem Einverständnis aufs Wesentliche zu konzentrieren, auf das, was unter den Stereotypen, Ängsten und Bildern liegt.

Eigentlich wollte ich nicht über unsere Hautfarben

schreiben, sondern über die von deinem eigenen Selbst Besitz ergreifende Liebe, die, wenn sie nicht leben, nicht sterben kann.

Einmal schaue ich mit anderen einen Film an, *Der Liebhaber*, und lasse die Tränen laufen. Ich weiß, die anderen denken, weil ich mich an ihn erinnert fühle. Doch ich weine, weil ich mich nach der Erfüllung sehne, die das Filmpaar im Bett findet.

Es hat auch Vorzüge, dass wir sexuell nicht zueinanderkamen: Es widersprach dem Klischee.

Am letzten Tag unserer ersten Woche sitzen wir im Pavillon eines Parks und während wir zwei Schwäne beobachten, die auf dem tiefgrünen Tümpel schwimmen, schwören wir, uns am gleichen Tag an der gleichen Stelle in fünf Jahren wiederzutreffen.

Auf der Rückfahrt wird im Radio verkündet, dass der Nobelpreis auch an seinen weißen Präsidenten geht. Ich übersetze die Nachricht für ihn und merke, wie ich mir seine Aussprache anzueignen begonnen habe, ich ziehe die Vokale.

Der Taxifahrer sagt: Warum schreit er auf?

Er sagt: Weil unser Präsident kleine Kinder frisst.

Erst viel später habe ich verstanden, dass es für all das keine angemessene Übersetzung geben konnte.

Am Abend in einem Lokal sehe ich, während ich mich an der Bar unterhalte, wie er mit einer Frau spricht, und male mir aus, wie sie unter dem Tisch füßeln. Ich will nicht Opfer meiner Eifersucht sein und ziehe mich zurück in meine Höhle.

Spät in der Nacht werde ich schwach und rufe im Hotel an, aber er hebt nicht ab. Ich rufe wieder an. Und wieder. In der Morgendämmerung streife ich durch die Stadt. Im blauen Licht sind die Straßen leer.

Als ich wieder auf meine Matratze falle, weiß ich, dass diese verzweifelte Verlorenheit vorwegnimmt, was kommen wird.

Wir wiederholten das Drama viele Male. Wie eine Blaupause, die man auf eine magische, nein, magnetische, anziehende Weise immer wieder überzeichnet, weil man glaubt, sie damit ausradieren zu können. Und dabei die Wunde aufreibt.

In meiner Blaupause war ich die intellektuell und platonisch unschlagbare Hauptfrau, die anderen blendete ich aus. Es muss an meinem Drang zu abstrahieren gelegen haben und daran, mich mit dem ernsten Leben verbinden zu wollen.

Und mich von meinem Vater abzusetzen.

Und es lag an seiner Kunst. Er fing mich mit Worten, die hypnotisch über seine Lippen sprudelten. Jedes drehte und wendete ich Tage, Wochen, Jahre so lange um, bis ich es in irgendeiner Weise auf mich beziehen konnte. Kreisende Begeisterung für den Eros des Geistes.

Er stand auf einer Bühne und verdichtete die Kraft, die zwischen uns war. Dann sah er mich an, und es war, als würden wir mit unseren Blicken eins. Sie sogen uns ein, und es entstand ein Vakuum, das wir brauchten, um unsere kartografierten und etikettierten Körper zu vergessen.

Nach dem ersten Jahr sagte er, du bist der Mensch meines Lebens, ich habe dich geschluckt und in mein Herz geschlossen, nimm auch du andere, und ich sagte, mach ich ja.

Im fünften Jahr trafen wir uns am gleichen Ort wieder. Es war nicht der Tümpel mit den Schwänen, sondern das Café mit der Frau.

Davor hatten wir noch Sex. Ich hatte ein Kleid angezogen und neue Sandalen und die Fußnägel lackiert, meine Haut war gebräunt.

Es ließ ihn kalt. Er tat, was von ihm erwartet wurde, und ich lag neben ihm und fühlte mich wie Überreste einer zu langen Nacht. Aufdringlich, widerlich, abgestoßen.

Dann sah ich ihn wieder mit dieser Frau unterm Tisch füßeln. Ich stand auf und ging. Ganz. Als ich in mein Zimmer kam, legte ich mich aufs Bett und trank Bier. In meinem Brustkorb wurde es so leicht, als schwebte darin eine weiche Daune.

Endlich war ich frei.

Was ich nicht wollte

Oben unterm Dach war ich auf den Balkon getreten und hatte über die Hügel geschaut und die Kleinstadt mit den Schloten. Das Reihenhaus gehörte meinem Chef, seine Frau war mit den Kindern zum Einkaufen gefahren. Ich war seine Praktikantin gewesen, jetzt war ich für ein paar Tage zum Jobben da. Im Jahr zuvor hatte ich in einem Schwesternheim am Ort unter einem Kruzifix geschlafen und einmal mit seinem Bruder, vielleicht animierte ihn das.

Ich lag auf dem Bett, als ich hörte, wie er in Strümpfen die Holztreppe hinaufkam. Er war das, was man athletisch nennt. Unter dem sich lichtenden Haar und am Hals war die Haut rötlich und wie vor der Zeit gealtert. Er hatte die Ausstrahlung eines Menschen, der weiß, dass die meisten ihn als gut aussehend empfinden.

Er stellte sich vor mein Bett, und während er sprach, grinste er, und ich ahnte, was er wollte, und lächelte trotzdem. Vermutlich war es die Hoffnung, es würde nicht kommen, was ich befürchtete.

Dann legte er sich unvermittelt auf mich, und ich lächelte

noch immer, wahrscheinlich aus Höflichkeit. Immerhin war er mein Chef. Und verheiratet. Und dies war das Haus, in dem seine Familie lebte. Natürlich hatte ich ihm gefallen wollen. Aber nicht signalisiert, dass ich ihn begehrte. Weil ich es nicht tat. Unter keinen Umständen.

Er war schwer und bedeckte mich ganz, von den Füßen bis über den Kopf, ich sah seine gerötete, faltige Haut, und er begann, sein Becken auf meines zu drücken.

Kurz lag ich da wie gelähmt, weil ich es nicht fassen konnte. Ich wollte ihn nicht. Er war mein Chef. Unten im Haus lebte seine Familie. Ich wollte ihn nicht berühren. Und ich wollte nicht, dass er so schwer auf mir lag und zu mir runtersah und grinste, als glaubte er, mich schon rumzukriegen, weil ich es ja eigentlich auch wollte.

Wie konnte er nur? Oder glaubte er es gar nicht und tat es einfach?

Ich stemmte meine Hände gegen seine Schultern und sagte: Nein.

Er blieb weiter auf mir und spannte seine Beine an und drückte.

Warum ist seine Frau weggefahren?, dachte ich, ist sie so ahnungslos wie ich? Ich nahm meine Kraft zusammen und wehrte mich fester und rief noch mal: Nein, was machst du da?, als wäre ich schwer von Begriff.

Er sagte: Ach, komm.

Ich starrte ihn an.

Er sagte: Sie kommen erst in einer Stunde zurück.

Ich sagte: Das hat damit nichts zu tun, ich will das nicht, ich will nicht, lass mich, geh sofort von mir runter.

Das tat er, und ich wunderte mich in den Tagen danach, dass er weiterhin grinste. Ich hätte mich zu Tode geschämt.

Während eines anderen Praktikums lernte ich einen Mann in meinem Alter kennen, mit dem ich mich gut verstand. Er hatte diese charmante, weiche Art, die viele aus seiner Gegend haben, und den Dialekt, der seit meiner Kindheit Ferien für mich verhieß.

Ich lud ihn zum Kaffeetrinken ein, und als im Gespräch seine Hand meinen Unterarm streifte – wie unbedacht, aber nicht wirklich zufällig –, fühlte sich die Berührung angenehm an, und ich zuckte nicht umgehend zurück. Dann kam sein Gesicht näher, er hatte freundliche braune Augen, und seine dünnen Lippen berührten meine, sein Mund öffnete sich, und da zog ich meinen Kopf zurück und schüttelte ihn.

Er nahm etwas Abstand, lächelte und kam wieder näher.

Ich zog den Kopf in den Nacken und sagte: Bitte nicht.

Er nahm das Glas vom Tisch und als er es an seine Lippen legte, lächelte er weiter dieses leicht süffisante, dieses joviale Lächeln. Wie das eines älteren Herrn, von oben herab, gegenüber einem kleinen dummen Mädchen. Als er das Glas abstellte, drehte er sich zu mir und versuchte es noch einmal.

Nein.

Warum?

Weil ich nicht kann, sagte ich, und vielleicht war es so.

Warum nicht?

Ich ballte die Faust und sagte, ich bin nicht frei.

Ich hatte ihm von meiner obsessiven Liebe erzählt. Ihr wollte ich treu sein. Und ihn wollte ich nicht verletzen, er war nett.

Und man sagt dem anderen nicht, dass es nicht geht, weil er rötliche Haut hat, eine Lichtung am Hinterhaupt, Pranken, einen Bauch, komisch kurze X-Beine, einen Stock im Arsch, blonde, glatte, kurze Langweilerhaare oder schmale Lippen über einem zusammengekniffenen kantigen Kiefer.

Und da kam er noch einmal auf mich zu und versuchte, mich zu küssen, und ich rief: Sag mal, spinnst du? Ich habe doch Nein gesagt, warum machst du es trotzdem?

Er sagte: Weil alle Frauen bei uns erst mal Nein sagen, das gehört doch dazu.

Alle deine Frauen, sagte ich, haben Nein gesagt und dann doch mitgemacht?

Er nickte.

Bei uns nicht.

Nicht stimmig

Wie ich mich auf ihn einlassen konnte, weiß ich nicht. Keiner aus meinem Seminar verstand es. Ich auch nicht, nahezu alles an ihm stieß mich ab.

Vielleicht lag es daran, dass er seinen Willen so offensiv vor sich hertrug. Wenn er mich ansah, kniff er die Augen zusammen, als nähme er mich ins Visier. Selbstbewusstsein macht anziehend. Vor allem wenn es auf einem forschen Geist beruht. Mit ihm hatte ich eine kurze Beziehung, maximal dreieinhalb Monate, meine Halbwertszeit. Es war eine Herausforderung.

Er benutzte kein Parfum, und die Seife in seiner Dusche roch nicht. Vorsichtig fragte ich ihn, weshalb. Ich wollte ihm nicht zu nahe treten.

Er meinte: Eigengeruch ist der beste Geruch.

Ich antwortete nichts, und er grinste, weil er merkte, dass ich nicht seiner Ansicht war, er mich aber zu überzeugen wüsste.

Seine Schwester war von zu Hause abgehauen, und die Eltern hatten seit Jahren nichts von ihr gehört. Er auch nicht. Er hatte sie nicht gesucht und sagte, sie habe ein Problem mit dem Vater.

Das beschäftigte mich.

Es war, als würde das Schweigen in seiner Wohnung Raum nehmen. Sie war im Souterrain einer leisen Gegend und so still, dass ich darin zu ersticken glaubte. Man roch nichts, man hörte nichts, und das Einzige, was ich spürte, war sein angespannter, raumgreifender Körper. Er hatte keinerlei Zauber. Er war vollkommen vorhersehbar.

Eines Morgens am Frühstückstisch wollte ich die Sache beenden. Wie ich es sagte, weiß ich nicht mehr. In der Regel sagte ich gleich zu Beginn: Das wird keine Beziehung, sondern eine Affäre, und daran hielt ich mich. In dieser Hinsicht war ich eindeutig.

Er blickte mich mit seinen zusammengekniffenen Augen an, stand auf, ging um den Tisch herum, hob mich hoch, legte mich aufs Bett und steckte seinen Schwanz in mich, und ich war so perplex, dass ich mich nehmen ließ.

Dass das geht, auch bei völliger Abwesenheit im eigenen Körper, hatte ich erlernt.

Man schwebt nicht mal mehr über sich.

Man schließt die Augen und ist nicht mehr da.

Man spürt nichts. Höchstens körperliche Schmerzen, aber die vergehen.

Manchmal ließ ich zu, dass mich einer penetrierte, der eigentlich meine Freundin wollte. Die meisten meiner

Freundinnen sagten, sie seien wählerisch. Und dass für sie Liebe dazugehöre.

Ich glaubte, das »wie die Männer« angehen zu können. Ich wollte das auch. Und fand sogar, man müsse sich erst mal gegenseitig ausprobieren: Wie konnte man sonst wissen, ob es auch körperlich stimmt?

Stimmen heißt: Haut, Form, Bewegungen, Seele befinden sich in der gleichen Schwingung. Gäbe es dafür einen Wellen-Apparat, man könnte es mit Sicherheit messen.

Slomo

Wir saßen in der Küche meiner Freundin und rauchten gemeinsam einen Joint, sie, ich und unser Freund aus der Kindheit. Dass er darauf aus war, mit vielen Frauen zu schlafen, wussten wir alle. Er sagte, er suche die Vereinigung der männlichen und der weiblichen Energie. Ich glaube, er sagte nicht Verschmelzung. Das hätte ich noch weniger verstanden, wie esoterisch und durchschaubar.

Als ich zum zweiten Mal an dem Joint gezogen hatte, ich rauchte selten, war es, als explodierte etwas in der Luft, als würde sie schwül und schwer.

Plötzlich bekam ich panische Angst vor ihm.

Ich versuchte, in mich zu gehen, und glaubte zu spüren, wie er von sich aus auf mich zukam. Noch ohne jede Bewegung. Aber im Bauch. Schwingung in der Luft, auf der Haut. Seine Aufmerksamkeit schoss sich auf mich ein, und ich stand ganz langsam auf.

Langsam, damit er es nicht gleich bemerkte. Langsam wie in einem Albtraum, in dem man fliehen will und nicht vom Fleck kommt, rollte ich mich von meinem Stuhl ab auf den Boden und kroch auf allen vieren aus der Küche. Als wäre ich im Schatten des Tisches nicht zu sehen.

Dann rief meine Freundin meinen Namen. Und er stand auf und kam hinter mir her.

Hinter mir, neben mir, über mir und sah lachend dabei zu, wie ich versuchte, ihm um die Ecke in das andere Zimmer zu entkommen.

Dort weinte ich. Weil ich gezwungen war, in Slow Motion dabei zuzusehen, wovor ich sonst rechtzeitig fliehen konnte.

Weil ich den Kopf vom Körper trennte.

Toter Mann

Mein Vater hatte mir einen Job verschafft, als Hostess auf einer Tagung in einer anderen Stadt. Wie es dazu kommen konnte, dass ein Kollege von ihm mich eines Nachts in der Fußgängerzone an die Wand neben einen hell erleuchteten Bankautomaten drückte und mir seine Zunge in den Mund schob, weiß ich nicht mehr.

Es gibt ein Foto, da sitze ich zwischen all den Herren bei einer Art Bankett. Ich schaue woandershin, vielleicht zu meinem Vater oder einem Redner oder einfach weg von der Kamera und den Blicken meiner Tischnachbarn. Denn ihre sind auf mich gerichtet. Ich bin etwas füllig, trage ein Shirt mit einem tiefen Ausschnitt und ein großes Ohrgehänge aus Plastiktrauben, meine Wangen sind gerötet, als wäre ich überhitzt oder aufgeregt oder angetrunken.

Die Blicke der Herren sind schillernd, es sieht so aus, als wüssten sie nicht, ob sie mich ernst nehmen oder belächeln sollten. Und ob sie in den Ausschnitt der Tochter des Chefs gucken dürfen, verlockend und verboten.

Ich stoße den Kollegen von mir weg und haste durch die

menschenleere Fußgängerzone zum Hotel. Mein Zimmer liegt neben dem meines Vaters. Beim Frühstück erzähle ich ihm davon. Er erschrickt und sagt: Dem werde ich was erzählen!

Ich sage: Nein, lass mal. Es ist zu peinlich.

Am letzten Abend sitzen die Männer in der Hotelbar und trinken. Als ich an ihnen vorbeikomme, ruft mein Vater: Komm doch.

Aber ich gehe lieber ins Bett.

Am nächsten Tag müssen wir früh aufstehen, weil ich noch einen Flieger in der nächstgrößeren Stadt erreichen muss. Doch zum Frühstück taucht mein Vater nicht auf.

Ich lausche an seiner Tür, es ist still, klopfe, meine Tasche gepackt neben mir. Er stolpert aus dem Bett. Und dann öffnet er mir nackt die Tür mit einer stechenden Fahne.

Ich starre ihn an, trete vorsichtig einen Schritt zurück, um ihn nicht zu brüskieren, und rufe: Mensch, wir müssen los!

Wie spät ist es denn?

Ich verpasse meinen Flug! Mein Ton muss etwas Schrilles bekommen haben.

Er kommt einen Schritt auf mich zu, in seiner alkoholisierten Nacktheit, um mich zu umarmen.

Ich stoße ihn weg und schreie: Zieh dich sofort an!

Zuerst ist es ihm unangenehm. Ich sitze am Steuer seines Wagens, wir müssen auf die Autobahn, anderthalb Stunden Fahrt. Doch allmählich redet er sich in Rage.

Dass ich ihn zurückgestoßen hätte. Wie meine Mutter. Wenn ich wüsste! Ein toter Mann sei er. Und jetzt, sagt er dann, und man kann das so und so verstehen: auch noch die Tochter!

Ich umklammere das Lenkrad und reiße mich zusammen. Wenn ich etwas sage, das weiß ich, wird er noch wilder. Und ich muss fahren, ich will weg hier, ich kann jetzt nicht heulen.

Am Flughafen rufe ich meine Mutter an und sage: Wir hatten einen schrecklichen Streit.

Und dann spreche ich sehr lange nicht mehr mit ihm und habe das Gefühl, missbraucht worden zu sein. Als könnte ich es mental und körperlich nicht voneinander unterscheiden.

Der Schatten, den diese Szene auf unsere gemeinsame Geschichte warf, wurde lang. Es war damals eine Zeit, in der man viel über Missbrauch sprach, und über den Missbrauch mit dem Missbrauch.

In meiner Erinnerung fand ich keinen Übergriff. Aber das Gefühl, dass der Vater die geliebte Tochter nicht losließ.

Als ich zwei Jahre später seinem Kollegen wiederbegegne, klopfe ich nach der Veranstaltung an seine Hotelzimmertür und setze mich auf ihn.

Am nächsten Morgen drückt er mir beim Abschied die Handschuhe in die Hand, die ich bei ihm vergessen habe. Aber so, dass es keiner sieht.

Kontrolle

Es war an einem Nachmittag vor einem Café im Frühling oder im Herbst, denn ich trug unter dem kurzen Rock eine Strumpfhose, die eigenwillig gemustert war.

Sieht aus, sagte der Typ an unserem Tisch, lockiges kinnlanges Haar, markante Nase, vielleicht Student, als hätte dich jemand grün und blau geschlagen.

Ich lachte ihn an, und dann nahm ich ihn mit zu mir.

Er blieb drei Tage.

Das sich verkrustende Bläschen an seiner Oberlippe nahm ich nur am Rand wahr. Irgendwie wusste ich nicht, was es bedeutet.

Oder wollte es nicht wissen.

Er küsste auch meine Schamlippen, und ich ließ es geschehen, wie ich vieles geschehen ließ. Weil ich der Sache ihren Lauf lassen wollte.

Als er längst wieder in seiner Stadt war, bekam ich stechende Schmerzen auf der Schleimhaut der Vulva und kleine weiße Bläschen, die sich vergrößerten und vermehrten. Und schließlich meinen ersten Herpes auf der linken

Seite der Oberlippe. Rechts die dünne Narbe vom Quallen-
biss, meine Mutter nannte sie Medusa.

Mit meiner Jugendliebe saß ich einen Abend lang auf einer
Bank. Es war Winter, und Schnee bedeckte den Friedhof
unseres Heimatortes. Ein Junge, den wir kannten, war gestorben. Er hatte kupferfarbenes langes Haar gehabt, einen
verkürzten Daumen und hieß Eric, mit C. Wir wussten
nicht, ob der Grund für seinen Tod eine Überdosis war oder
etwas anderes.

Lange saßen wir auf der Bank. Ich hatte meine Beine auf
den Schoß meines Freundes gelegt, wir hielten uns in den
Armen, und ich spürte, wie die Kälte von unten in mir auf-
stieg. Ich glaube, mich zu erinnern, dass mir das gefiel, es
war eine passende Empfindung.

Der Mond schien auf die Äcker, und sie wurden blau.

Noch in der Nacht bekam ich eine Blasenentzündung, es
brannte so sehr, dass ich versuchte, das Pinkeln zu unterdrü-
cken. Irgendwann waren die Schmerzen im hinteren Becken, da, wo die Nieren sind, so stechend, dass ich dachte,
es würde mich zerreißen.

Später sagte eine Freundin, deren erster Freund sich um-
gebracht hatte, Blasenentzündungen stünden für Verlust.
Man habe öfter welche.

Als ich fünfzehn war, begann ich eine Diät, auch meine
Mutter machte regelmäßig welche. Seit meiner Kindheit

hatte sie immer wieder gesagt, ich müsse beim Essen auf-
passen, ich würde zu gern essen und schnell ansetzen.

Die Diät bekam Schwung, das Nicht-mehr-Essen fiel mir
plötzlich leicht, ich nahm schnell ab, und es gefiel mir, meine
Knochen unter der Haut zu spüren und wie die Leute
reagierten. Du bist ja so schön schlank geworden, sagte auch
die Tanzlehrerin, sie war Ballerina gewesen und sehr streng
mit Körpern.

Einige behaupteten irgendwann, es sei nicht mehr schön,
ich sei zu dünn. Das glaubte ich nicht. Ich fühlte mich leicht,
meine Brüste waren klein, ich musste den Bauch nicht einziehen, ich war eine Prinzessin.

Vielleicht war das auch ein Grund, warum ich mich mit
der Jugendliebe rundum wohlfühlte.

Ich hörte auf zu bluten, der Körper sparte Kraft. Ich
war mir sicher, dass ich den Zyklus mit meinem Willen
steuern konnte. So hatte ich mich und meinen Körper im
Griff.

Nach einigen Jahren schlug er zurück. Ich bekam Heiß-
hunger. Und erlag Ess-Attacken, die mich dazu brachten,
meinen losen Geist zu verachten und meinen Körper nicht
unbedingt zu hassen, aber mit ihm zu fremdeln. In wabbli-
gem, irgendwie hormonell werdendem Gewebe wollte ich
nicht sein.

Diese Zusammenhänge fallen mir jetzt beim Nachdenken
erst wieder ein. Ich hatte das Gerede über die Magersucht

satt, die Fragen meiner Mutter, die Ängste der anderen, das Problematisieren von Psychoanalytikerinnen.

Jetzt erschrecke ich über meine hartnäckige Verdrängung und staune über die Unruhe, die im Körper bleibt und im Leben dann zunehmend zum Suchen treibt.

Wir liegen in seinem Ein-Mann-Bett, es ist hell, und ich vermute, dass ich ihn aus der Reserve locken wollte. Weil er sich genauso zurückzuhalten schien wie ich mich, obwohl wir uns einander hätten öffnen können. Er war klug und freundlich und hatte ausreichend Geheimnis.

Und so sagte ich: Ich weiß nicht, aber vielleicht bin ich HIV-positiv. Ich hatte länger keinen Test gemacht.

Mit einem Ruck nahm er Abstand von mir, drückte sich an die Wand, blickte mich vorwurfsvoll an und zog sich dann von mir zurück, sprachlos und komplett.

Ich verstand das nicht ganz. Immerhin hatte auch er keine Kondome benutzt, wie die meisten Männer. Und ich die Sache mit den Kondomen und der Verhütung bei diesen kurzen Begegnungen offensiv verdrängt. Es hätte die Dramaturgie ruiniert, es ging um Wollust, Sex und Verführung, um das Spiel mit der Grenzübertretung. In solchen Momenten war mir alles andere egal.

Die Pille nahm ich nur kurz und fühlte mich währenddessen wie Hefeteig, immer weiter ging ich auf. Die Vermutung einer Freundin, die Pille habe sie und ihre Freundinnen zu Fickmaschinen gemacht, die das Gespür für sich und ihren Körper verloren hätten, kann ich nicht ganz bestätigen.

Ich nahm sie während meiner ersten »normalen« Beziehung. Vielleicht hatte ich mich da schon von meinem Körper verabschiedet.

Manchmal schmerzte es, wenn der Schwanz zu lang war und mich tief innen berührte; manchmal hatte ich blaue Flecken, grüne Verläufe und lange Kratzer; Knutschflecken versuchte ich zu verhindern, ich wollte so wenig markiert wie gebunden werden. Nicht abhängig sein.

Was mehr schmerzte als der Körper, waren die Kränkungen und Wunden nicht erwiderter Liebe. Sie schien ich zu suchen.

Als ich mich in jenen Jahren plötzlich in meinen besten Freund verliebte und wir uns ausprobierten, rein, raus wie nach Lehrbuch, und ich dachte, das könnte der Anfang einer großen Sache sein, sagte er: Lassen wir es lieber.

Da war das eine so abgründige Kränkung, dass ich ihn sterben lassen musste. In meinem Keller liegt er bis heute. So tief, dass ich in Abständen von Jahren von ihm träume, von seinem ansteckenden Lachen, seinen Sommersprossen und dem Gefühl beinahe hautloser Innigkeit – und von der Hilflosigkeit in dem Augenblick, wenn er auf der Straße plötzlich vor mir auftaucht. Immer schrecke ich dann aus dem Schlaf.

Mein Vater brachte mir bei, wie man aus Albträumen herauskommt, man nennt es luzides Träumen. In diesem wüsste ich gern, wie es weitergeht.

Besonders

An den Raum erinnere ich mich genau. Die Decke war niedrig, vor den Wänden standen weiße Bücherregale. Er war hell beleuchtet, denn wir spielten ein Spiel.

Wir kannten uns alle aus einem Seminar an der Uni. Da waren wir fast nur Frauen, eigenwillige Frauen, witzige Frauen und jede besonders. Und trotzdem müssen wir in diesem Raum zu einer einzigen geworden sein, denn ich sehe vor mir nur die zwei Männer.

Der eine war klein und vorlaut. Ich kann gut lecken, hatte er mitten in einem Gespräch über Lacan oder Bourdieu gesagt, und ich hatte vor Schreck ein Pokerface aufgesetzt.

Der andere, den er mitgebracht hatte, war groß und breiter. Er stand an der Wand. Seine Haare, die sich hinten kräuselten, waren zu einem Pferdeschwanz gebunden. Seine Stirn glänzte. Sein Körper wirkte etwas zu massig. So massig, er passte irgendwie nicht zu ihm. Er hatte das Gesicht eines Menschen, in dem man das seiner Mutter oder seines Vaters zu sehen glaubt, auch wenn man sie gar nicht kennt, und aus seinem Nacken schien ein Drängen zu kommen. Obwohl seine Augen wässrig und weich waren und seine Bewegungen sanft und vorsichtig. Ich bin versucht zu sagen, seine Stimme war hell. Aber ich kann mich auch täuschen. Sie könnte ebenso tief gewesen sein.

Wir spielen Filmszenen nach. Jemand sagt eine berühmte Szene und darf sich wünschen, wer sie imitieren soll. Ich schau dir in die Augen, Kleines. Messer vor Duschvorhang, russisches Roulette, der Pate spricht.

Ich soll *Put the Blame on Mame* spielen, sagt der stiernackige Mann.

Die anderen klatschen in die Hände. Ich kenne den Film nicht.

Na, *Gilda*!, rufen sie, Rita Hayworth, ondulierte Haare, Abendkleid, tiefes Dekolleté, singt in einem Nachtclub und streift lasziv ihre langen Handschuhe ab!

Ich bin überrascht. Das soll ich spielen? Es klingt gar nicht nach mir.

Der Mann schaut mich an.

Ich stehe auf, wackle mit dem Po, streife imaginäre Handschuhe ab und wirble sie durch die Luft und setze mich schnell wieder hin.

Zum nächsten Spieleabend treffen wir uns bei ihm. Er hat eine Batterie Brettspiele. Normalerweise langweile ich mich nach wenigen Sekunden, aber zu meinem Erstaunen bleibe ich dran. Am nächsten Morgen wache ich neben ihm auf.

Er hat eine kleine Zunge. Sein Körper ist schwitzig. Es ist, als schwimme er in Traurigkeit, in einem Flor wässriger Traurigkeit.

Er sieht mich an, lächelt kaum vernehmlich, schiebt sich an mir hinunter und leckt mich sanft. Ich sehe seine mit dünnen Haaren bedeckten Schultern.

An ein Gefühl kann ich mich nicht erinnern.

Immerhin lasse ich es zu. Es wirkt ehrlich. Nicht gespielt.

Ich frage ihn, warum er so traurig ist.

Zuerst sagt er, weil er nicht mehr mit seiner Ex-Freundin zusammen sei. Die habe er auch geleckt, denn mit diesem kleinen Penis sei ja kaum was anzufangen, er sei gezüchtet.

Ich, Pokerface.

Er fährt fort, seit seinem zwölften Lebensjahr nehme er Hormone, weil er sonst nicht gewachsen wäre, und dies sei nun das Ergebnis. Glücklich mache das nicht.

Und wenn du die Hormone weglässt?

Verliere ich die Muskeln, die Stimme, die Männlichkeit.

Ich habe damals nicht weiter darüber nachgedacht. Es muss mir irgendwie normal erschienen sein. Und besonders.

Ich ging die Straße hinunter und um die Ecke zu meiner Wohnung. Es war Nachmittag, die Sonne schien, ich spürte die Leinenhose auf meinen Hüften und meiner Haut, nach einer langen Nacht, in der man sich so bewegt hat, dass man alles fühlt, den Stoff, den Wind, die Hände und den Nachhall der Berührungen.

Und ich hatte diesen leicht o-beinigen Cowboygang, den man hat als Frau, nach einer Nacht, in der man sich geöffnet hat.

Chercher la femme

Sie hatte einen nussigen Teint, dunkle lange Haare und volle Lippen. Grün flackernde Augen, ihr Denken blitzte, und sie stellte mit einer Selbstverständlichkeit Fragen, die ich mich nicht traute, laut zu fragen. Für ein glucksendes Lachen warf sie den Kopf nach hinten, dann konnte ich in ihren Ausschnitt spitzen und ihre Brüste unter der Knopfleiste ihrer Bluse sehen, fest und rund. Leider trug sie meistens weite Holzfällerhemden, als wollte sie sich darin verstecken.

Alles zog mich zu ihr hin. Ich wollte um sie sein, mit ihr, Tag und Nacht und immer. Ich wollte mit meiner Nase ihren gut riechenden Haaransatz berühren, ihre Brüste in meinen Händen wiegen und die Wärme ihrer Mitte spüren. Ich wäre sofort bei ihr eingezogen, und das entwickelte sich nicht langsam, sondern war mit dem ersten Augenblick so.

Es war beunruhigend.

Mich beschwingte diese Unruhe, die Verunsicherung war eine Herausforderung, die ich suchte.

Am Morgen war ich nach einer langen Reise gelandet, sie hatte mich am Flughafen abgeholt und zu sich nach Hause gebracht. Eigentlich lag meine Wohnung nicht weit von ihrer. Ihre Mitbewohnerin war nicht da, und der Frühstückstisch gedeckt.

Ich sagte, ich mach mich mal frisch, und ging ins Bad. Es lag neben ihrem Schlafzimmer. Als ich die Badezimmertür hinter mir schloss, spürte ich, wie alles an mir pulsierte.

Die Haut ein Flirren, meine Brüste wie Antennen, meine Vulva und die Klitoris. Mussten berührt werden, gestreichelt, gerieben, gesaugt. Ich schwirrte vor Erregung, setzte mich auf die Toilette und berührte die Stellen. Es ging schnell, viel schneller als sonst.

Beim Frühstück, es gab Brötchen mit bitterer Orangenmarmelade, erzählte ich von der Reise. Dann legte ich mich in ihr Bett und schlief ein, viel zu schnell und zu fest.

Einige Jahre zuvor war ich mit vielen Freundinnen und Freunden in den Sommer gereist, die Felder um uns standen voll mit Sonnenblumen, die Zikaden zirpten, und wenn sich die Gesichter der Blumen zum See gedreht hatten, schwenkten wir unsere ersten Gläser, um die Eiswürfel darin klackern zu hören.

Einige malten, einige machten Musik, und als einer mit einer Videokamera und Körperfarben kam und rief, wir drehen einen Film, fand ich auch das ein bisschen zu gewollt. Ich hielt mich im Hintergrund und sah zu. Einer nach dem anderen wurde bemalt, bei den meisten nur das Gesicht, bis die Erste ihr Shirt vom Oberkörper streifte.

Ich sehe die Kamera vor mir, wie das Objektiv von oben, sie liegend auf der Erde, immer näher an ihre Brüste herangeht. Der Finger meiner Freundin kreist um die Mamillen der Frau. Taucht in Farbtöpfe ein. Umkreist, auf die Malerei konzentriert, beide Brüste. Dabei hüpfen sie, aber nur leicht, wieder in ihre Festigkeit zurück.

Ich beobachte den Mann hinter der Kamera. Er wirkt unbeteiligter als ich und ist ganz auf das Filmen konzentriert. Als unterbreche die Kamera das Fühlen wie eine Schranke. Die Farbfinger haben die Brüste bunt bemalt und wollen gerade weiter zum Bauch, da ruft der Kameramann: Batterie! Die Batterie ist alle!

Meine Freundin putzt sich die Finger ab, die Frau setzt sich auf, schaut lächelnd an sich herunter, und da ist der Film zu Ende.

Einige Zeit später hockt meine Freundin im Schneidersitz in meiner Wohnung auf dem Teppichboden. Wir legen Musik auf, trinken Wein, und die Balkontür steht offen, um die Wärme aus dem Hinterhof hereinzulassen. Ich gehe auf die Knie, zu ihrem Gesicht, und wir küssen uns. Vorsichtig, tastend, liebevoll.

Mehr nicht. Wir kommen uns näher, genau das Etwas näher, das man für eine Frau empfindet, die man so außergewöhnlich findet, dass man sie zur Freundin haben will.

Es flattert dann im Bauch, und manchmal bis hoch zur Kehle.

Sie war mit meinem Ex-Freund zusammen, und mich freute das. Ich hoffte für sie, es möge leidenschaftlicher sein als mit uns. Was er ihr gegenüber empfand, beim Sex, war mir egal. Wenn ich es mir vorzustellen versuchte, war es, als ginge die Blende zu. Ich verstand, dass er sich in sie verliebt hatte, und überließ ihn ihr gerne. Als hätte sie ihn mir abgenommen.

So wie den Nachbarn. Unsere drei Wohnungen lagen zum selben Hinterhof, und manchmal unterhielten wir uns kurz von Fenster zu Fenster. Oft war er in Frankreich.

Eines Tages lädt er uns zum Essen ein, will aber bei mir kochen. Als er klingelt, hält er eine Tüte in der Hand, darin sind drei Fische und eine Flasche Wein. Sie muss eisgekühlt sein, sagt er, diese Sorte passe ganz formidabel zu den Doraden, die es nur heute auf dem Markt gegeben habe.

Als wir um den runden Küchentisch sitzen und den ersten Bissen und den ersten Schluck zu uns nehmen, ist es, als tröpfele Licht über die Lippen und den Gaumen hinunter in den Bauch.

Ich muss lachen, kaum zu glauben. Das Essen, der Franzose und die Damen, was für ein Klischee. Aber so ist es, und als die Stimmung aufgekratzter wird und die Luft flirrender, verschwinde ich in mein Schlafzimmer.

Am nächsten Tag erzählt meine Freundin, als er sie küssen wollte, sei sie eingeschlafen.

Das finde ich kurios. Ich denke trotzdem, es ging um den Mann, und nicht eigentlich um uns beide.

Mir fällt beim Schreiben auf, dass ich vielleicht manchmal Gefahr laufe, im Rückblick Bezüge zwischen Bruchstücken meiner Erinnerung herzustellen und damit eine Version meiner Geschichte festschreibe, die viele Komponenten und Kausalitäten hat. Die nur ein Teil meiner Geschichte ist, es gibt andere.

Und dass alles zu verschiedenen Phasen des Lebens unterschiedlich gesehen werden kann, Schwerpunkte und Urteile ändern sich. Und das Mitgefühl, für sich selbst und für die anderen. Es wird größer, viel größer.

Indem ich Fragmente zusammenstelle, gebe ich ihnen einen Sinn. Eine Stimmung bleibt eine Stimmung, aber Komposition gibt Form. Ich würde gern alles offenlassen.

Und trotzdem verstehen, was ich in der Sexualität gesucht habe. An jenem Abend fand ich, man muss das so kitschig formulieren, die Harmonie der Sinnlichkeit.

Nach dem Sommer im Süden kam die Frau mit dem bunten Busen zu mir. Sie hatte eine Stupsnase, kugelrunde Augen und einen Pagenkopf. Wären ihre Beine nicht so lang, dass sie ihre Arme von oben auf meine Schultern legen konnte, wäre alles an ihr Kindchenschema gewesen. Auch ihre

Sanftmut und ihre fast naive Bereitschaft, sich neben mich ins Bett zu legen.

Unter der Decke tastete ich ihren Körper entlang, mit den Fingern über ihre Lippen, die sie zum Kuss schürzte, das Kinn, mit der Handfläche über ihren Busen, die kleinen weichen Spitzen, den flachen Bauch hinunter um ihren Nabel kreisend, und schließlich zu ihrer, nein, nicht Scham. Damals hatte ich die Wörter noch nicht gehört, die man finden kann für das, was wir an uns haben. Ich umkreise mit dem Zeige- und dem Mittelfinger ihre Klitoris in der Hoffnung, dass es auch ihr gefiel, aber ich muss mich dabei so ungelenk angestellt haben – wie die meisten Männer, die die Punktlandung bei mir versuchten.

Als wüsste man, was der Frau Lust bereitet. Als funktionierten alle Frauen gleich. Wie Knöpfchen, auf die man nur zu drücken bräuchte. Kein sanfter, kein fester Druck, kein Streichen, kein Kreisen, Drücken, Klopfen, abwärts, aufwärts, seitwärts.

Nach einer Weile, während der ich spürte, dass sie es aus Neugier geschehen ließ und keine Lust aufkam, sagte sie: Jetzt ist erst mal gut, und schob meine Hand weg.

Mit der Frau, bei der ich einziehen wollte, stehe ich auf dem Balkon. Es ist ein warmer Sommerabend und gerade frage ich mich, warum es so oft Sommer, warm und Abend war. Von ihrem Balkon aus blickt man auf eine Brache, wie Niemandsland. Kein Nachbar kann uns sehen, und es passiert, was ich nicht für machbar gehalten habe. Ich ziehe ihr Hemd hoch, nehme ihre Brüste in die Hände und gehe in die Knie, um sie zu liebkosen, und sie lässt es mich tun.

Sie schiebt mich vom Balkon ins Wohnzimmer und lässt mich ihr Hemd aufknöpfen. Und abstreifen. Ihr Körper spannt sich. Ihr Atem beginnt, sich zu beschleunigen, ich höre sie seufzen. Aber sie kommt nicht auf mich zu.

Sie sagt: Nicht hier.

Ich spüre, wie heiß und rot meine Wangen sein müssen, während wir hinüber zu ihrem Bett gehen und die Tür schließen. Doch da übermannt sie die Angst, und sie sagt: Nicht jetzt.

In den folgenden Jahren erzählt sie mir ausführlich von ihren Affären und dem Mann, mit dem sie zusammenzieht. Von ihrer Mutter, die trinkt, und ihrem Vater, von dem sie glaubt, er habe sie missbraucht, durch eine Atemtherapie sei es hochgekommen. Von ihren Geschwistern, von denen einer schwul und eine lesbisch sei. Von dem mondänen Hotel, das ihren Eltern gehöre, und von der Tante, die ins Kloster gegangen sei und trinke.

Eines Tages will sie mich treffen, vormittags, in einem Café. Es liegt in dem Haus, in dem sie mit ihrem Freund wohnt. Als sie eingezogen waren und sie mir ihre Wohnung zeigte, stand ich vor dem großen Bett, darauf lag eine faltenfreie weiße Tagesdecke, und ich versuchte mir ganz kurz vorzustellen, wie das wohl lief. Sie sah ich sehr genau. Wie sie nackt und lachend ihren Kopf in den Nacken warf. Er interessierte mich nicht.

Jetzt sitzt sie mir gegenüber am Tisch, kneift die Knopfleiste ihrer weiten Strickjacke über der Brust zusammen und sagt: Ich habe zu Gott gefunden.

Sie habe ihrem Vater vergeben. Nach Jahren ihre Familie besucht. Lese morgens und abends in der Bibel, gehe regelmäßig in den Gottesdienst, werde keinen Sex mehr vor der Ehe haben und hoffe, dass ihr vergeben werde. Dann schlägt sie ihre Lider hoch, sieht mich mit einer Falte zwischen den Augenbrauen an und sagt: Willst du trotzdem meine Freundin bleiben?

Damals habe ich diese Frage ganz klar auf ihre Vermählung mit dem lieben Gott bezogen, denn sie wusste, dass ich damit nichts anfangen konnte.

Eine Zeit lang gab ich mir Mühe, sie zu verstehen. Doch es gelang mir nicht.

Der ungefährliche Freund

Er stand eines Tages in dem Büro, in dem ich als Praktikantin angefangen und dessen Chef versucht hatte, mich in seinem Haus zu verführen. Sie waren befreundet. Er war sehr groß, schlaksig und hatte rehbraune Augen, die einen schmelzen lassen mussten.

Als wir wieder in der Stadt waren, in der wir beide wohnten, wurden wir Freunde. Er konnte zuhören, er hatte feine Hände und einen Mund, der, wenn er laut und leicht grunzend lachte, bis an die Ohren zu reichen schien. Später arbeitete er in einer Krisenhilfe.

Er war einer von wenigen, bei denen ich mich heute frage, warum nicht er? Damals glaubte ich, ich müsste zu dem Mann im Schatten des Mondes stehen.

Wir gingen zusammen zur Uni, wir gingen zusammen auf Konzerte, wir kochten zusammen, und wir legten zusammen Musik auf. Manchmal schaute er mir mit seinen warmen Augen einen Tick zu lang in die Augen, und ich ignorierte es.

Eines Tages landeten wir doch in seinem Bett.

Er hatte gekocht, Eintopf mit Wirsing und türkischer

Wurst. Dann hatte er mir sein neues, selbst gebautes Bücher-
regal gezeigt und von Charlie Watts erzählt und Lou Reed
aufgelegt. Dabei neigte er den Kopf leicht schräg, als könnte
er so noch eindringlicher hören.

Und dann passierte es. In einer für mich vollkommen
ungewöhnlichen Stellung bekam ich einen Orgasmus, einfach so. Dazu war es sonst nie gekommen, mit niemandem.

Nur in der ersten Beziehung und in gewisser Weise vielleicht mit der Jugendliebe. Sobald sich die Männer mir nä-
herten, mir und meinen empfindlichen Stellen, jenen, von
denen ich wusste, dass ich darauf reagieren würde, zog ich
meinen Körper zurück, schob sie weg oder machte die
Flucht nach vorn.

Hingabe braucht Zeit. Und Vertrauen. Das wusste ich
nicht. Sich ergeben geht schneller.

Als es mit ihm passiert war, blieb ich schweigend auf ihm
liegen, und plötzlich musste ich weinen. Es brach aus mir
heraus und war nicht aufzuhalten, ich benässte seine Brust,
seine Wangen, sein Kissen, es war wie eine Flut.

Er nahm mich in seine langen sanften Arme und sagte
nichts.

Wir gingen weiter in Konzerte, zur Uni und auf Partys, und
ich schlief noch zwei oder drei Mal mit ihm in weiten Abständen, und jedes Mal musste ich so weinen, dass ich auf-
hörte, mit ihm zu schlafen.

Es war unheimlich.

Stalking

In einem Park sitzen wir an einem Fluss, hinter den Büschen wird getrommelt. Wir sind sechs, acht Leute, in unserer Mitte eine karierte Tischdecke mit Picknick. Die Freundin, bei der ich wohnen wollte, hat eingeladen und aufgedeckt.

Es wird ein Kennenlernspiel gespielt, man soll mit einem Wort sagen, wie man den oder die sieht. Ich kenne keinen, einer fällt mir auf. Nicht weil er schön ist oder wenigstens hübsch. Beinahe hässlich finde ich ihn, Glöckner von Notre Dame, liegt mir auf der Zunge.

Aber er ist brillant. Klug, gebildet, schnell im Kopf und im Kombinieren. Er beobachtet, aufmerksam und dezent, und hin und wieder macht er exakt zum richtigen Zeitpunkt witzige Bemerkungen. Wenn er lacht, zieht er ein wenig den Kopf zwischen die Schultern, als wolle er sich selbst zurücknehmen. Noch weiß ich nicht, ob Selbstironie oder Überheblichkeit überwiegt.

Ich betrachte ihn aus den Augenwinkeln, der Kopf, der Körper, die Haut, die Nase, die Äuglein, die Hände, der

Bauch – niemals. Aber sein Esprit ist anziehend. Seine Sätze, sein Tempo, sein Humor. Flirt ist Sound und das Wissen, dass man Bemerkungen absetzt und bewusst den Blick aneinander vorbeibewegt, wie tastende Tangenten.

Als ich dran bin, nicke ich ihm zu und sage auf Englisch, denn in der Runde sprechen wir englisch: *Watchtower*. Mir erscheint das treffend.

Die anderen fragen: Wieso?, und ich sage: Na ist doch klar.

Er grinst. Und es ist ebenso klar, dass wir ab jetzt in Verbindung sind.

Sie wird sechzehn Jahre lang bestehen bleiben. Und auf grausame Weise immer wieder heiß laufen. Auch wenn ich das nicht wollte. Und darüber erschrak, dass ich mir zunehmend in Gedanken wünschte, er wäre endlich tot. Tot, tot, tot.

Wir treffen uns zu dritt in einer Bar, er, sein Freund und ich. Wir bleiben nicht nebeneinander an der Theke stehen, sondern setzen uns an einen Tisch über Eck, sodass wir uns beim Sprechen in die Augen sehen, und dann gehen wir alle drei zu mir.

Er steht hinter mir, sein Freund kniet vor mir. Es entwickelt sich einfach so. Aber bevor sein Freund oben ankommt, drehe ich meinen Kopf und küsse in das Gesicht des Mannes, den ich als Wachturm empfand, und der andere geht.

Im Bett mache ich das Licht aus und die Augen zu und versuche, mit Händen und Haut so wenig wie möglich zu fühlen. Aber wenn er etwas sagt, muss ich lachen und will mehr von ihm hören. Etwas an ihm erinnert mich an die Liebe meines Lebens, und ich glaube, es ist die Art, wie er spricht.

Trotzdem sage ich auch ihm gleich zu Beginn, ich bin besetzt. Das zwischen uns ist eine Affäre, mehr nicht.

Wir sind Arbeitskollegen, er interessiert sich für die gleichen Dinge wie ich. Aber er ist erfahrener als ich und schlauer, er hilft mir, und wir spielen dreieinhalb Monate rhetorischen Schlagabtausch.

Wie wir darauf kamen, weiß ich nicht, aber möglicherweise hat er gesagt: Es geht ja alles im Bett mit dir.

An seine Freude in dem Moment erinnere ich mich vage, und dass ich sagte: Es geht ja auch ums Ausprobieren. Oder sagte ich es anders?

Jedenfalls probierte er direkt aus, wie es ist, mir meinen Slip tief in den Mund zu drücken und fester zu stoßen und ihn mir dann quer über die Mundwinkel und die Augen zum Hinterkopf zu ziehen, so, dass er einschnitt und ich mich anstrengen musste mit dem Atmen und ruhig zu bleiben, und dachte, hoffentlich war's das, so schnell komme ich von seinem Hochbett nicht runter.

Als ich mich anzog, lächelte er, und ich tat es wahrscheinlich auch. Um nicht den Verdacht zu erregen, das könnte es für mich gewesen sein. Ich hatte das Gefühl, er würde mich sonst nicht mehr gehen lassen. Als ich auf der Straße war und außer Sichtweite, beschleunigte ich die Schritte, und als ich meine eigene Tür hinter mir schloss, war klar: Ich will ihn nicht wiedersehen.

Ich ging noch einmal zu ihm nach Hause, ließ aber auf dem Sofa die Jacke, den Schal und sogar meine Mütze an. Er stand vor mir, mit einer kleinen Pfanne in der Hand, er wollte für uns kochen.

Doch ich sagte: Ich geh gleich wieder. Ich bin nur gekommen, vermutlich sagte ich es so, um zu sagen, dass ich nicht mehr will.

Er grinste, wie die meisten, im Schock, verständnislos, ungläubig.

Sie konnten ja nicht wissen, dass ich Sex nicht mit Liebe verwechseln wollte und wie eindeutig ich sein würde.

Nachdem ich mich schnell, weit und tief geöffnet hatte. Nach einem Feuerwerk von Zweideutigkeiten, denn Verführung ist ja absichtsvolle Verunsicherung.

Und mit Verunsicherung überwindet man Gewohnheiten, die zu hinterfragen man sich angewöhnen kann.

Ich wollte niemandem sicher sein. Nur dem Menschen, den ich mir über die größtmögliche Distanz und längste Zeit zurechtfantasierte.

Am Tag darauf lag ein Brief unter meiner Tür. Er war einige Seiten lang und voller Liebe und Begeisterung, und poetisch war er auch, sehr schön zu lesen. Kein Wort zu meinem Rückzug.

Wiederum einen Tag später klingelte es abends an meiner Wohnungstür, und da stand er und strahlte mich an.

Hier bin ich, rief er, und dass er gleich wieder gehen würde, er wolle mir nur diesen Brief überreichen. Es war ein dicker Umschlag und die Schrift sehr krakelig. Während er mit mir sprach, schaute er schräg nach oben an die Decke, sein Bart war nicht wie üblich rasiert, er wirkte zerzaust und ungewaschen. Aber er sprühte und lachte und sprach schnell.

Drei Tage und Nächte habe er durchgeschrieben, großartige Texte, er sei so glücklich, mich kennengelernt zu haben. Sodass ich, als ich die Tür hinter ihm geschlossen hatte, weil er tatsächlich sofort von selbst gegangen war, dachte, ist ja irre, läuft glatt.

Als ich es meiner Freundin erzählte, sagte sie: Das hört sich aber gar nicht gut an.

Bis heute frage ich mich, ob sie mehr über ihn wusste als ich, seine Vorgeschichte kannte. Ob sie einfach sensibler war als Außenstehende. Oder erfahrener mit Verrückten. Man kann sie erkennen, man spürt es instinktiv.

Damals schien ich es zu suchen. Es auszustrahlen und anzuziehen. Doch eines Tages, es würde noch einige Zeit brauchen, würde ich beschließen, ab sofort einen Bogen um die Wunden zu machen. Sie wurden gefährlich.

Es war die Zeit, als bezahlbare Anrufbeantworter aufkamen, kleine Kassettenrekorder eingebaut in klobige Telefone. Ich hatte mir eines gekauft in der Hoffnung, der Mann vom Mond würde versuchen, mich zu erreichen.

Am dritten Tag bekam ich einen weiteren Brief, aber die Schrift war so krakelig, dass ich ihn, obwohl ich es versuchte, nicht lesen konnte. Und dann begann die Zeit, da immer, wenn ich nach Hause kam, das rote Licht des Anrufbeantworters blinkte.

Anfangs hatte ich einige Male abgehoben und dem Schwall gelauscht, Liebesbeteuerungen, Reime, Wörter, Lieder. Er war nicht davon abzubringen, obwohl ich sagte: Hör auf! Ich will nicht! Es ist Schluss! Lass mich in Frieden!

Dann sagte ich ein paar Mal einige Worte zu viel – Frieden, Schluss, Willen –, und er drehte sie mir auf erschreckende Weise im Mund herum. Alles, was ich sagte, kam wie von einer durchgedrehten Tennisballmaschine zurück. Ein Satz, ein Wort – und sich drehende, wirbelnde, knallende Salven prallten auf mich hernieder, und jedes Mal, wenn ich den Hörer auflegte, war das exakte Gegenteil dessen im Raum, was ich gesagt hatte.

Ich will dich. Lass uns heiraten und glücklich sein und gleich damit anfangen. Ich liebe dich.

Nach einiger Zeit hob ich nicht mehr ab, wenn das Telefon klingelte. Dann schnitt der Anrufbeantworter mit. Nach einer halben Minute war die Aufnahmezeit zu Ende. Dann klingelte es wieder. Und schnitt wieder mit. Pause.

Klingeln. Mitschnitt. Pause. Klingeln. Mitschnitt. Pause. Klingeln. Mitschnitt. Wieder und wieder und wieder und wieder.

Und ich hörte es mir an. Ich kaufte eine neue Kassette, die länger war. Er sprach auch sie voll, ich hörte mir auch sie an. Voller Schrecken – und voller Faszination.

Es war Kunst. Es war verrückt.

Und ich war gebannt. Und geriet zunehmend unter Strom. Kam ich meiner Wohnung näher, begann ich mich zu fürchten. Nicht aus Angst, er könnte mir auflauern. Ich war sicher, das würde er nicht tun. Er wollte keine Konfrontation mit meiner Gefühlskälte. Er wollte weiterspinnen können. Er war hängen geblieben beim Verliebt-ins-Verliebtsein. *Record, rewind, repeat.*

Einmal begleitete mich ein Freund, um, wie er vorschlug, den Anrufbeantworter auszumachen, vom Strom zu ziehen oder zu zertrümmern. Doch als ich ihn rot blinken sah, hinderte ich ihn daran. Und begann zu weinen. Die Hoffnung, dass der Richtige anrufen könnte, ging über in die Hoffnung, der Anrufer möge mir ankündigen, er würde aufhören.

Und das tat er auch.

Und rief wieder an.

Eines Tages zog meine Freundin ihr Tuch vom Hals, da waren Druckmale. Er hatte in ihrem Hausdurchgang auf sie gewartet und sie gewürgt. Er rief eine andere Freundin an und bedrohte sie. Er stellte sich nachts vor das Haus von Freunden und rief hinauf, er werde ihr Baby töten, wenn sie weiterhin versuchten, ihn von mir fern und von seinem Tun abzuhalten. Ihm sei Großes vergönnt. Große Liebe, große Dichtung. Und ich liebte ihn – wüsste es aber noch nicht.

Seine Eltern reisten aus seinem Heimatland an, um ihn einweisen zu lassen. Er wollte nicht. Ich bin so glücklich, sprach er am ersten Tag aus der Psychiatrie auf meinen Anrufbeantworter.

Er sei bipolar, sagten seine Freunde, und solle Lithium nehmen.

Ich bin so glücklich über unsere Liebe, sprach er am zweiten Tag auf meinen Anrufbeantworter, und am dritten kam er wieder raus. Ich muss unbedingt weiterschreiben, sprach er auf meinen Anrufbeantworter und lachte.

Ich wartete auf den Absturz. Den ersten, den zweiten, viele. Denn dann blieb es eine Zeit lang still. Ich wusste, dass er dann tief, tief, tief in den Abgrund fiel. Das tat mir auch leid, ich fühlte mich schuldig.

Als es wieder klingelte und blinkte, rief ich die Polizei und Anwälte an. Sie sagten, solange er mir keine körperliche Gewalt antue, könne man nichts machen. Der Begriff Stalking war noch unbekannt, Schriftsteller nannten es Liebeswahn, und fast hoffte ich, er würde mir körperlich zu nahe treten.

Im Rückblick weiß ich, wir haben uns Gewalt angetan, ich ihm kurz, er mir lang.

Und dass man Körper und Geist nicht trennen sollte. Wie ich es tat.

Bei meinem Gegenüber, in der Hoffnung, sein Esprit, eine schöne Seele, würde auch auf Dauer seinen Körper für mich anziehend machen.

Und bei mir, wenn ich mich aus meinem Körpergefühl verabschiedete und in meinem Kopf umso heftiger die Gedanken kreisten.

Ich zog in eine andere Stadt. Nicht wegen ihm. Dennoch dachte ich, er könne mich nicht mehr aufspüren. In einem Telefonbuch ließ ich mich nie wieder registrieren.

Eines Morgens klingelte das Telefon, und ich ging dran. Er hatte mich gefunden. Ich verlor die Fassung und brüllte ihn an, er solle mich in Ruhe lassen und, nein, wir seien nicht verheiratet. Dann legte ich auf, und auf den Anrufbeantworter sprach er: Ich bin einverstanden. Heute Abend um 18 Uhr treffen wir uns in der Lobby des Grand Hotels der Stadt mit unseren Scheidungsanwälten.

Ich bat meine Freundin, mich den Tag über zu begleiten und am Nachmittag nach Hause, ab 18 Uhr könne sie gehen.

Wir sitzen auf dem Balkon, um kurz vor 18 Uhr gehen wir hinein, trinken ein Glas, und dann geht sie.

Keine drei Minuten später klingelt das Telefon. Ich gehe nicht dran. Es klingelt wieder. Ich halte den Atem an. Es ist still. Dann klingelt es unten an der Tür.

Die Wohnung, die im dritten Stock ist, hat zum Treppenhaus große Milchglasscheiben. Ich drehe den Schlüssel um, bis es nicht mehr geht, schiebe verzweifelt Stühle vor die Tür, und dann renne ich in mein Zimmer, schließe die Tür und drücke mich, am Boden sitzend, in eine Ecke unter mein Kissen und eine Decke.

Es kam immer wieder. In Wellen. Selbst der Vater meiner Kinder rief eines Tages: Das muss aufhören!

Auch ich hatte Angst um unsere Kinder. Sie kamen in das Alter, in dem man Telefonanrufe annimmt und ein Gespräch sucht. Ich beruhigte ihn, der Anrufer befinde sich nicht in unserer Stadt, nicht in unserem Land, und wünschte ihn mir aus der Welt.

Aber sie war nun leichter zu durchdringen. Wenn ich seinen Namen auf meiner Anruferliste lese, in meiner Timeline, in meinem gehackten Account, muss ich weinen, dieses leise, gedrückte, fast winselnde Weinen von einem verfolgten oder sogar geschlagenen Hund.

Weiter will ich die Geschichte nicht ausbreiten. Sondern sie mit so wenigen Worten wie möglich treffen. Eine Skizze, ein Florett. Sonst könnte man sich, fürchte ich, darin verlieren. Und die Melancholie würde mich hinunterziehen in den Keller. Und am Ende nicht mehr rauslassen.

Einmal fragte eine Psychologin, ob es sehr schlimm sei, und ich staunte.

Ja, sagte ich, es ist furchtbar.

Wie?

Für ihn. Ich verstehe ihn sehr gut.

Und für Sie?

Für mich doch nicht.

Showdown

Weit weg flog ich, auf einen anderen Kontinent, zu einem neuen Job. Vielleicht dachte ich, man könne mir nicht folgen. Vermutlich dachte ich aber nicht mal darüber bewusst nach.

Aus meinem winzigen Zimmer sah ich durch ein vergittertes Fenster hinter Fabrikdächern den dunkelblauen Fluss und die schwarz-blau-ziegelrote Skyline, darüber morgens einen hell- und abends einen stahlblauen Winterhimmel. Ich presste meine Stirn an das dünne Fensterglas, sog tief die Luft ein, bis hinunter in den Bauch, spürte, wie der Brustkorb sich weitete, sah dem Hauch der Kälte am Fenster nach und fühlte mich erlöst und frei, als wäre es das erste Mal in meinem Leben.

Frei und leicht und tänzelnd, alles wirkte offen.

Ich ging die Straßen entlang, ein eisiger Wind fegte um die Ecken, hinunter zur U-Bahn, und ich musste lächeln. Im Zug stand ich dicht gedrängt mit anderen Berufstätigen auf dem Weg zur Arbeit. Das Quietschen der Schienen drang durch mich hindurch, und ich lächelte. Mit dem

Strom der Menschen lief ich wieder eine Straße entlang, zu beiden Seiten hohe graue Gebäude, und amüsierte mich, wie alle schnellen Schrittes auf den Boden starrten. Und wie die Frauen, kaum waren wir in den Büros, sich auf die Drehstühle setzten, die Sneaker gegen Pumps eintauschten und den ganzen Tag vor ihren Bildschirmen sitzen blieben, wie in einer stickigen Schachtel.

Hier starrte ich von sehr weit oben durchs Fenster auf den in der Mittagssonne glitzernden Fluss, als flöge ich über der Welt wie in den Träumen meiner Kindheit. Wenn ich verfolgt wurde und einen Turm, einen Felsen, einen Dachgiebel fand, von wo aus ich springen und dann davonfliegen konnte. Immer knapp über dem Boden und den nach mir grapschenden Händen meiner Verfolger. Aber in Sicherheit.

Nachts rauschte ich in den Untergrund, und wenn ich versuche, die Ereignisse zu rekonstruieren, gelingt mir keine Chronologie, es kam alles zusammen.

Es war dicht, hoch, tief, stahlblau, schwarz, draußen eisig und im Keller warm, feucht und schwitzig, eine Menge Menschen, eng aneinander, nebeneinander, im gleichen Schwung, unsere Hüften kreisten, kamen näher, blieben hintereinander, im Rhythmus, schmiegten und schwangen sich ein, ohne Arm- noch Händekontakt. Ich schloss die Augen, damit ich im Blitzen der Spiegelkugel nichts sehen und nur spüren konnte. Den Bass, den Fluss, die Seele.

Und als der Körper hinter mir sanft, aber bestimmt näher kam, sich aus der Menge hervorhob, um mit mir eins zu werden, drehte ich mich mit geschlossenen Augen um, öffnete sie für einen kurzen Augenblick in blitzendem Schwarzlicht und küsste schöne volle Lippen, spürte einen schönen ebenmäßigen Körper, der mich ausgesucht zu haben und sich hingeben zu wollen schien.

Nach dem Kuss sah ich ihm in die Augen und fragte nicht, wie heißt du oder woher kommst du, sondern: Was ist dein Traum?

Es gab keine Umschweife, nur noch Strömen.

Die Antwort rührte und belustigte mich, er war gläubig, aber ich war entschlossen, den Moment ernst zu nehmen.

Dann schoben wir uns durch die Tanzenden hin zur Toilette, schlossen die Tür hinter uns, er streifte ein Kondom über, drückte mich ans Waschbecken, und ich schloss die Augen, um mich nicht im Spiegel zu sehen. Ihn schon, von unten, so schön war er.

Als wir zusammen aus der Tür traten, wartete da eine Schlange von Leuten, schnell wollte ich wieder in die Menge eintauchen, er hielt mich kurz am Arm fest, sagte seinen Namen und schrieb eine Telefonnummer auf.

Zwei Tage später traf mich morgens beim Gang durch die Straßen, als ich um eine Ecke kam, ein eiskalter Windstoß am Hinterkopf, es fühlte sich an, als zöge sich die Haut schreiend zusammen.

Mein Mitbewohner hatte auf der Straße einen Typen entdeckt, der Gras verkaufte mit Kärtchen, auf denen ein Smiley prangte. Wenn wir uns abends ausgehfertig machten, stellten wir uns an die Küchenzeile, als wäre sie eine Theke, und ich guckte mit einem Drink in der Hand zu, wie er andächtig eine Tüte rollte. Dann drehten wir die Musik auf und starteten in die Nacht.

Er war für mich der Ersatz für den, den ich sterben hatte lassen müssen. Auf dem Fenstersims des Zimmers, das er mit seiner Freundin teilte, sie waren seit ihrer Jugend ein Paar, stand ein schwarzer Dildo. Einmal hatte ich ihn kurz in die Hand genommen und anerkennend gestaunt, dass die beiden immer noch ein Paar waren, immer noch Sex hatten und das so unverkrampft zur Schau stellten.

Das Gras wirkte, als würde man bei heiterem Himmel in einem Segelflieger schweben und ab und an mit den Flügeln wackeln. Eigentlich wollte ich Rausch ohne Drogen, vor künstlichen hatte ich Angst.

Einmal war ich damit so tief in mein Hirn gestürzt, dass ich fürchtete, ich käme nicht wieder raus. Ich musste von innen zuschauen, wie meine Wimpern beim Zwinkern jeden von mir begonnenen Gedanken in der Hälfte auseinanderbrachen, sodass ich ihn wieder von vorne zu beginnen hatte, aber durch das Zwinkern niemals zum Ende kam. Ich konnte nichts an mir bewegen, es bewegten sich nur noch meine Wimpern und schlugen Gedanken entzwei.

Es war keine Todesangst, es war die allumfassende Panik,

ich müsste den Rest meines langen Lebens gelähmt liegen und dabei zusehen, wie es meinem Hirn nicht mehr gelingt, an der Schranke der Augen vorbeizukommen.

Ein Samstagabend in einer Bar mit Freunden, es ist voll, wir stehen eng gedrängt. Die Theke ist hoch, ich muss mich recken, um zwischen den Leuten vorbeischauen zu können und den Blick des Barmanns zu treffen. Er hat Lippen wie Pflaumen und alabasterfarbene Haut mit einem Schuss Noisette. In seinem Blick liegt etwas Abschätziges, das mir gefällt.

Als ich an der Theke vorbeigehe zur Toilette, zischt er: Warte, bis ich fertig bin.

Dann laufen wir durch die leeren Straßen, und er zieht mich am Arm in einen Hinterhof, hinter eine Tonne. Ich finde, das kann es nicht gewesen sein, und nehme ihn in der folgenden Nacht mit zu mir.

Das kleine Zimmer ist mondhell, die Alabasterhaut leuchtet, er kniet über mir, holt sich einen runter und spritzt mir ins Gesicht. Ich mache die Augen zu und denke, das war's. Und dass ich mich nicht wundern muss.

Warum muss sich mein Körper bei der Erinnerung an solch harmlose Dinge wie Auf-mich-drauf-Rollen, Mit-dem-Slip-Würgen oder Abschätzig-ins-Gesicht-Spritzen noch ein halbes Leben später dermaßen aufregen, dass er sich fast übergibt?

Eines Abends fasste ich mir ein Herz und ließ meinem Begehren freien Lauf. Schnell hatten wir in einer Bar aus großen Gläsern getrunken, und jetzt saßen wir auf dem Gehsteig davor, es war dunkel, und es roch nach Fauligem.

Ihre Haut schimmerte golden, die blonden Locken fielen ihr elegant in die Stirn, und die Beine waren lang, und das Lachen leicht dreckig – ich fand, sie hätte Marlene Dietrich sein können. Sie erwiderte lächelnd meine Blicke und öffnete die Lippen leicht.

Ich beugte mich zu ihr hin und spürte sie schon fast. Da riss sie die Augen auf und lachte mich aus.

Auf eine Nacht in der wilden Stadt hatte mich meine lesbische Freundin eingeladen. Die gab sich wie viele Lesben damals wie ein Mann, die kurzen Haare nach hinten gekämmt, die Beine breit auch beim Sitzen, und die Brust drückte sie mit engen Unterhemden ab. Sie war ein kluger Kumpel und machte mich nicht an. Das beruhigte mich.

Wir gingen an der Türsteherin vorbei, die über ihren prallen Rundungen einen Ganzkörperbody in Tigeroptik trug und maraschinoroten Lippenstift. Ich hielt den Atem an, ich hatte Angst.

In dem Raum stehen an der Theke viele Frauen, einige Paare beieinander, und die meisten gucken auf die Bühne. Da tanzt eine Frau in Strapsen um einen Stuhl. Ich lehne mich an die Theke und lasse mein Gesicht versteinern, wie man es macht, wenn man unter keinen Umständen angesprochen werden will: Der Blick geht nach innen. Er ist nicht offen, er schweift nicht, er hält nicht, er kommuniziert nicht, er ist unfrei.

Als ich mich zu meinem Glas drehe, streife ich aus Versehen die Frau neben mir am Oberarm, und weil sie zusammenzuckt, entschuldige ich mich. Sie sieht mich von oben herab an und ascht ihre Zigarette vor mir ab.

Ich fühle mich besser.

Auf dem Weg zum nächsten Club muss ich Geld abheben, und plötzlich stehe ich da allein in einem verglasten Eckraum mit Automaten – neben einer Frau in meinem Alter, nussiger Teint, üppiger Afro, Sommersprossen. Sie strahlt mich an, mein Blick fällt auf die Lücke zwischen ihren oberen Schneidezähnen. Aber ich denke, nein. Das geht nicht. Ich bin doch nicht Boris Becker.

Der nächste Club ist ein Kessel mit einer Galerie, und wir lehnen an Stangen wie an einer Reling, mein Kumpel, der sommersprossige Fang, deren Freundin und ich. Ich starre auf die wogende, sich rubbelnde Masse schwuler Männer, als hätte ich so was noch nie gesehen.

Mehr ist nicht geschehen, aber ich erinnere mich gern daran.

Die sich auf eine Seite schlagen, als dürfe man im Fluss des Lebens nur an einem Ufer landen, machen es sich leicht.

An einem Sonntagmittag klingelt das Telefon in unserer Wohnung. Mein Chef ist dran und sagt, ich möge meinen

Verehrer bitten, seine Sendung einzustellen. Aus dem Büro-Fax käme gerade die sechzehnte Seite eines Gedichts. Er benötige das Gerät für andere Dinge.

Leise sage ich: Das geht leider nicht.

Als ich mich ins Bett lege, ziehe ich die Decke über den Kopf. Nachts ist es, als rinnen Schauer über die hintere Kopfhaut. Vorsichtig taste ich mit den Fingern darüber und halte sie, ohne das Licht anzuknipsen, denn ich habe Angst, es könnte Blut sein, vor die Nase. Es schmeckt nach Tränen, als heulten die Haarwurzeln.

Am nächsten Tag wähle ich die Nummer von dem Mann aus dem Tanzkeller und verabrede mich mit ihm.

In meinem Notizbuch blättere ich zurück, finde die Nummer aus dem Ghetto und rufe dort an. Der Mann vom anderen Planeten sagt, er komme bald wieder und bleibe dann für einige Zeit. Als ich auflege, ist es, als springe ein trudelnder Wagen ins Gleis zurück und halte wieder Kurs.

Aber ich treffe noch rasch einen Mann aus meinem Büro. Die Nacht wird lang und länger, eigentlich will ich ihm nicht geben, was er will. Er ist einer, der Trophäen sammelt.

Unter dem Tisch eines neonerleuchteten Imbisses, bald wird es draußen hell, legt er seine Hand auf meine Wade, und sein Händedruck elektrisiert mich.

Aus Überraschung wird Sex, der mich beeindruckt, alles fließt, aber ich bin sicher, er will nur zeigen, was er kann.

Ich besuche den Mann vom Bermuda-Dreieck, er ist jetzt fast genau dorthin gezogen, nur ein paar Inseln weiter. Wie immer bei meinen Besuchen liege ich neben ihm im Bett und verzehre mich nach ihm.

Manchmal küsst er mich, manchmal umarmen wir uns, manchmal beginnen wir, miteinander Sex zu haben, immer fühlt es sich stimmig an, innig, zugewandt, warm, er schließt die Augen und genießt wie im Tanz. Aber immer zieht er sich dann zurück.

Und nachdem ich aufgehört habe, mich zu fragen, ob er homosexuell, asexuell, besetzt oder nur gemein ist und ihm die Befriedigung genügt, mich begehren zu sehen, liege ich still.

In der ersten Nacht säuselt er mich an, ich kenne diesen Ton länger als mein halbes Leben, aber ich halte stand. In der dritten Nacht geht er aus und kommt nicht wieder, sondern bleibt bei einer Frau, die er kennengelernt hat.

Vielleicht sucht er, wird sich aber nicht lieben lassen können.

Vielleicht hat er Angst, hängen zu bleiben.

Vielleicht hat er Mitleid mit mir.

Vielleicht gelingt es ihm besser als mir, Grenzen zu ziehen, wenn die Lust erlahmt. Er jagt nach Augenblicken, er ist ein Reisender.

Vielleicht sind wir uns zu ähnlich.

Haben wir so lange probiert, weil wir zu viel wollten?

Er schenkt mir einen Tauchgang. Als ich rückwärts ins

Meer gefallen bin, anfange, zu atmen und in der anderen Welt zu schweben, sehe ich großen Frieden.

Eines Morgens, zurück in der stahlblauen Stadt, wache ich auf und taste den Hinterkopf ab, behutsam, denn ich will nicht zu spüren bekommen, was ich vermute. Die Schicht aus verhornter Haut wird immer dicker, und jetzt ist sie unter den Haaren überall. Ich stelle mich unter die Dusche und lasse warmes Wasser darüber laufen. Danach ist die Haut aufgequollen wie bei einer Qualle. Ich lasse die Wanne einlaufen, tauche unter und will nicht wieder hochkommen.

Mein Mitbewohner klopft an die Tür. Ich binde das Handtuch um den Kopf wie einen Druckverband.

Der Arzt hat gegen den Panzer, der über meinen Nacken gewachsen ist, da, wo Tiere ihre Opfer packen und sie mitunter schütteln, bis all ihre widerspenstige Flüchtigkeit endlich erstarrt ist, kein Mittel.

Es ist eine Nacht im April. Ich treffe den Mann im Keller. Wir tanzen, kurz muss ich raus, ich bekomme keine Luft. Am frühen Morgen fahren wir in ein Hotel, das Zimmer stundenweise vermietet, denn mein Mitbewohner ist genervt, und zudem ist kein Taxi bereit, uns auf die andere Seite des Flusses zu bringen.

Unklar, ob es an der anderen Seite des Flusses liegt oder an unseren Hautfarben, und wenn ja, an welcher.

In dem Hotelzimmer haben wir eine Stunde. Wir lieben

uns kurz, ja, ich glaube, das war mehr als Sex. Auch wenn ich es nicht zugegeben hätte.

Am Morgen gehen wir in eine Bar zum Frühstück. Er beschließt, blauzumachen. Das hat er noch nie getan. Darüber muss ich lachen, bin mir aber der Verantwortung bewusst, diesen Tag zu einem besonderen zu machen.

Wir sitzen auf einer Bank zwischen hohen Häusern, und er sagt, er habe als Kind Schizophrenie attestiert bekommen. Es ist Angst in seinen Augen, ich könnte aufstehen und gehen. Doch ich bleibe natürlich sitzen und lächle und küsse ihn und sage: Komm, wir gehen weiter.

Am Mittag sitzen wir unter Zierkirschen auf einer Bank. Wir essen mit Stäbchen aus einer Aluschachtel und müssen nichts sagen. Ich kann in die sich rosa öffnenden Kronen und einen hellblauen Himmel blinzeln und würde gern ein Bild von ihm machen, Schwarz vor Rosa und Blau.

Gegen Abend gehen wir in ein Café und setzen uns an einem kleinen Tisch. Sie spielen Bill Withers. Er sagt, ich liebe dich, und ich nehme seine Wangen in meine Hände und sage: Ich weiß.

Drei Tage später muss ich die Stadt verlassen.

Weil ich nicht zurückkommen wollte, an die Orte, an denen mir nachgestellt worden war, zog ich vorübergehend ins Haus meiner Eltern. Es war mit einem hellen Teppich ausgelegt und fühlte sich an wie gepolstert.

Meine Freundin schickte mir ein Paket, darin waren die

Briefe der letzten Zeit. Einer wirkte klar, er kam aus einem Krankenhaus im Heimatland des Absenders mitsamt Telefonnummer und war voller Entschuldigungen, Diagnosen und Medikationsvorsätzen.

Ich reagierte auch darauf nicht, obwohl es mir schwerfiel.

Die darauffolgenden Briefe waren wieder krakelig, dick und randlos.

Mein Vater las einen. Dann verschwand er in seinem Zimmer. Ich lief ihm nach und rief: Ruf ihn nicht an, er ist viel zu schlau.

Nach einiger Zeit hörten wir ihn schreien. Als er die Tür öffnete, wirkte er verstört. Das Einzige, was er sagte, war: Er dreht alles um. Dann sagte er nichts mehr und stopfte sich eine Pfeife.

Meine Mutter besah sich meine Kopfhaut, schreckte kurz zurück und massierte dann einen Liter Öl hinein. Daraufhin fielen die dichten Haare in solchen Büscheln aus, dass ich sie bat, sie solle aufhören.

Lieber wollte ich einen Panzer als keine Haare haben, Haare geben Kraft.

Dann beschloss ich, mich nicht mehr in Gefahr zu begeben.

Und ein anderes Leben zu beginnen.

III. AKT

(30–50)

Die Entscheidung

Der Augenblick, der mein Leben in zwei Hälften teilte, und, wie es auch nach außen schien, auch in zwei Personen, eine wilde und eine brave, war, als wir uns zum ersten Mal umeinander herumrollten und er beim Küssen plötzlich Abstand zu meinem Gesicht nahm und mich anblickte. Diese Distanz signalisierte, krieg mich, nimm mich.

Das war der Haken. Etwas Widerständiges war in ihm, das mich plötzlich zu ihm hinriss. Obwohl er zuerst so harmlos auf mich gewirkt hatte. Er war jünger als ich, von seiner Mutter zu seiner Freundin gezogen und hatte nie getrunken, nicht geraucht, nicht gestreunt und seit dem Übergang vom Elternhaus ins Erwachsensein für mein Empfinden so wenig ausprobiert, dass ich mich fragte: Wie man mit seiner Zeit so genügsam umgehen kann?

Man hat doch nur ein Leben.

Doch in seinem langen schmalen Körper schwang eine katzenartige Kraft. Die eines traurigen Tiers auf leisen Pfoten, dessen Augen man nie ergründen wird. Und seine Sprache klang trotz ihrer Klarheit geheimnisvoll.

Ich wollte mich für ihn entscheiden.

Nicht für den, der mich besuchte und schmunzelte, als er merkte, dass sein Spiel mit dem Flirt anschlug, obwohl wir uns schon lange kannten. Wir waren uns sehr ähnlich. Und der die Tür zu seinem Gästezimmer offen ließ und aus dem Bett herüberrief, komisch sei das schon, er hier, ich dort. Ich reagierte nicht, sondern dachte an seine Freundin.

Und nicht für den, der mich sehen, sich jedoch zugleich sein Interesse nicht anmerken lassen wollte. Es war, als kämen auch wir vom selben Ort, wir lachten sogar beide in einer Weise über Bemerkungen, wie man es nur mit Freunden aus der Jugend tut, weil man da die Sicht auf die Welt prägt und den Knacks, über den man lacht.

Eines Abends lud er mich zum Essen ein, eröffnete mir, er wolle mich jetzt nicht mehr sehen, und fragte, ob das ein Problem für mich sei.

Ich sagte: Kein Problem. Und dachte: Er ist genauso gestört wie ich, das geht so nicht.

An einem diesigen Wintertag zog ich mich warm an und lief um einen See. Mehrmals, er war klein. Vielleicht habe ich es auch beschwörend getan, mantraartige Runden gedreht. Denn ich spürte, dass ich wie üblich zu fliehen begann. Es hatten sich in mir Mechanismen eingeschliffen: Nach sieben Sekunden passiert dies, nach zehn Tagen das, nach drei Monaten ist Schluss, lass nichts im Fluss.

Je länger ich lief, umso heftiger zog es in meiner Brust.

Es fühlte sich an, als würde sie zusammengepresst. Wenn ich tief Luft holte und ausatmete, sprangen Seufzer in meine Kehle. Seufzer der Scham. Dafür, dass mir der Mann leidtat, dafür, dass er es mit mir zu tun bekommen hatte.

Ich wollte mich nicht mehr so verhalten, als könnte es schützen, ein Schild vor sich zu halten, eine Waffe oder sogar einen Spiegel, der den anderen nicht mich, sondern sich selbst sehen lassen soll.

Als wäre es heilsam, sich an Verletzungen zu rächen, indem man sie anderen zufügt. Ich wollte kein Blitzableiter, kein Arschloch mehr sein.

Es war eine vernünftige Entscheidung.

Das Bett ist hoch und aus schwerem Holz, an den Ecken ragen Pfeiler bis unter die Decke, es wirkt brutal. Wir stehen daneben, meine Hüfte an der Bettkante, und es kommt wieder dieses Ziehen in der linken Brust, wo das Herz sein muss. Es ist, als würde es aufspringen, ich muss an den eisernen Heinrich im »Froschkönig« denken. Und mich bemühen, dass die Lippen beim Küssen nicht schwach werden, man kann nicht gleichzeitig küssen und weinen. Dann lege ich meine Arme um ihn und ziehe ihn zu mir.

Einmal im Bett rief er den Namen der Frau, die er wegen mir verließ, und ich wunderte mich, dass mich das lang beschäftigte. Eifersüchtig war ich nicht. Ich hatte gehört, dass so was vorkommt. Aber ich verstand es nicht.

Ich mochte die Zartheit seiner Konturen, hinter der ein dunkler Wille zu lauern schien. Seine Finger waren schlank, und sie berührten alles mit Vorsicht. Wenn ich ihn bat, mich zu massieren, sollte ich ihm genau zeigen, wo. Dann kreiste er mit den Fingern in einer Bewegung, die nicht zu spüren schien, und ich fragte mich, woran er gerade dachte. Fußball? Selten streichelte er mich von sich aus, gedankenverloren etwa, wenn wir vor dem Fernseher saßen. Dabei bewegte er seine Finger mechanisch hin und her, als wäre er der Scheibenwischer und ich das Auto. Anfangs amüsierte mich das, später machte es mich wütend.

Wir fahren durch Haine in den Bergen, kaum Menschen auf der Straße. Meine Hand liegt unter dem Steuerrad auf seinem Schwanz, und ich drücke ihn.

Später werden manche sagen, nicht so fest. Ich frage mich, woher das Bild kommt, das diese Berührung stets auf diese eher handfeste, zupackende Weise zeigt. Auf dem Bildschirm, vor dem inneren Auge. Als wären männliche Körper von Natur aus stumpfer als weibliche, und die alle gleich.

Seine Hand schlüpft unter mein Shirt und streicht über meine Brust. Er beschleunigt. Wir erregen unsere Wollust, und es ist, als wäre sein Bogen sofort überspannt. Er schießt ab, seine Lust entlädt sich blitzschnell, am Straßenrand. Es ist eine klare, unkomplizierte Angelegenheit.

Ich will Kinder. Er ist ein verantwortungsvoller, feiner Mensch. In seiner Melancholie fühle ich mich ihm gewogen und kann seine Untiefen ausloten.

Einmal, am Anfang und dann nicht wieder, erzählt er, wie sein Vater, als er getrunken hatte, seine Mutter und ihn verprügelte. Woraufhin sie sich öfter im Wald versteckten.

Später wird mir auffallen, dass nicht wenige Männer, die ich wegen ihrer Sensibilität und Umsicht mag, körperlicher Gewalt ausgesetzt gewesen sind. Ich frage mich, ob das Geschlagenwerden und das Wegducken zu einer anhaltenden Verhärtung und Anspannung auch in ihren Körpern geführt haben. Die sich dann in einem Schuss entladen, sodass der Rest des Körpers, also seine Sinne, keine Zeit bekommen zu tasten, spüren und empfinden.

Kann man Fühlen lernen?

Ich bin mit meinem Vater bei dessen Freund eingeladen. Es wird gekocht, getrunken, geraucht und viel geredet. Der Freund erkundigt sich nach meinem Freund, der sei ja wohl fest: Was ist denn das für einer?

Mein Vater antwortet in knappen, bemüht wohlwollenden Worten und sagt: Ich weiß nicht, warum sie sich ihn ausgesucht hat, er ist so anders als wir.

Einmal noch habe ich einen Rückfall. Es ist auf einer Party, alle tragen Perücken und sind dadurch entlassen aus der Verantwortung, sie selbst sein zu sollen. Irgendwann liege ich auf der Tanzbühne im Licht, Arm in Arm knutschend mit dem Mann, der nicht allein in meinem Gästezimmer liegen wollte. Seine Haut ist weich, sein Körper ist weich. Dass es sich so anfühlen kann. Aber ich habe beschlossen, mit dem anderen eine Familie zu gründen.

Eben weil er anders ist als ich. Weil ich glaube, dass mich das hält. Weil ich fürchte, Ähnlichkeit würde zu Langeweile führen, sodass es sich wieder wie beste Freunde anfühlt und Sex wie Inzest. Weil er mich fasziniert.

Ehe oder Scheitern

Einmal, in den ersten Jahren, sage ich: Ich glaube, ich bin schwanger.

Das freut ihn nicht. Er will keine Kinder, noch nicht, sagt er.

Von ihm aus kann ich das verstehen. Ich hätte auch lieber dann erst Kinder, wenn ich mich aus- und eingelebt hätte, nach der Arbeit, nach dem Spiel.

Doch ich werde nicht schwanger, obwohl ich es darauf anlege und er nicht viel tut, um es zu verhindern. Ich markiere sogar meine fruchtbaren Tage mit einem eidottergelben Stift im Kalender, und er tut so, als merkte er nicht, dass der Sex immer öfter nach Plan verläuft. Vermutlich fürchten wir uns vor dem Thema. Wenn Paare in unserem Alter sich für zu jung halten, um Kinder zu kriegen, weil sie sich noch ein paar Jahrzehnte austoben wollen.

Kurz frage ich mich, ob es hier ums Kinderkriegen gehen soll, es hat ja nichts mit Sex zu tun. Nichts mit der Sexualität, an die ich mich erinnern will, um zu verstehen, warum sie selten so war, wie ich sie mir wünschte, und ob das normal ist. Aber Kinder bekommen zu haben, verändert die Körper und die Sexualität.

Ich habe meinen Körper nicht unter Kontrolle. Er wird nicht schwanger, sondern immer schwerer. Er schmerzt. Ich kann kaum mehr stehen und sitzen vor Schmerzen, der Rücken ist wie versteinert, und die Schuhe muss ich mir binden lassen wie eine alte Frau, aber ich bin dreißig.

Das Virus, das ich mir wohl beim Lippenkuss eingefangen habe, kann die Ursache sein, dass ich plötzlich von einem Tag auf den anderen auf den OP-Tisch muss. Wenn ich mir vorstelle, wie ein Messer einen Kegel aus meiner Vagina schneidet, schließe ich die Augen, als verschwinde dadurch die Tatsache.

Reue ist mir trotzdem fremd. In Verbindung mit dem Körper auch Begriffe wie Schuld, Strafe oder Sünde. Glücklicherweise hat man mir sie nicht beigebracht.

Als ich dann irgendwann schwanger bin, mahnt die Ärztin, mein Körper könne die Leibesfrucht vielleicht nicht halten. Ich solle deshalb Hormone nehmen.

Ich will aber, dass wir es so schaffen, mein Körper und ich.

Im Gegensatz zu uns bekommt der werdende Vater zunehmend eine Art Schwellenangst davor, er könnte sein Kind in meinem Bauch mit seinem Penis berühren. Er wolle nicht, dass dieser das Erste sei, was es von ihm sehe.

Ich hingegen fühle mich ungewöhnlich wohl in meinem

Körper. Ich muss den Bauch nicht einziehen, und er darf rund sein.

Mein Begehren verändert sich erst, als mein Kind auf der Welt ist. Beinahe kommt es nicht dazu. Denn mein Kind steckte in meinem Körper fest. Der werdende Vater, mein zarter Freund, steht hinter mir, und zwischen meinen aufgefallenen Beinen versuchen mehrere Leute, den kleinen Menschen aus meinem Bauch zu ziehen, bevor er erstickt. Nichts bewegt sich mehr. Obwohl ich brülle, ein Brüllen, das aus mir bricht, als wäre ich Teil der Erde. Ich erschrecke selbst, als ich es höre.

Dann ist es still, und ich denke: Es stirbt. Ich sterbe. So ist das.

Ein Moment unumstößlicher Evidenz. Ich kann nichts mehr tun.

Aber dann liegt es doch auf mir, neben mir, und es fühlt sich ebenso evident an: Es ist das Geschenk des Lebens. Kurz darauf nehmen sie es wieder weg auf die Kinderstation, und Leute kommen und sagen, ich solle die Beine öffnen, und beäugen wortlos meine Wunde. Da war geschnitten und genäht worden. Ich schaue sie mir nicht an, und ich taste nicht daran.

Einige Tage später werden meine Brüste heiß und schwer wie Medizinbälle. Ich kann nicht auf dem Bauch liegen, nicht auf der Seite und nicht auf dem Rücken, sonst drückt mir ihr Gewicht die Luft ab. Sie binden sie mir mit Stoffwindeln hoch, damit ich zu meinem fiebernden Säugling im Brutkasten gehen kann, und ich lege ihn an.

Körperliche Schmerzen kann der Mensch nicht nachempfinden. Sie scheinen im Nervennetz zu verpuffen. Die Erinnerung an wohlwollende Berührung verpufft nicht, nein, sie bleibt auf der Haut wie ein Abdruck. Doch ist es unvorstellbar, in einem solchen Zustand mit Lust berührt zu werden, und dieser Zustand hält an. Wochen, Monate und manchmal Jahre, wenn man sich ihm hingibt.

Anderthalb Jahre später war ich trotzdem wieder schwanger, denn ich wollte es. Man glaubt ja eigentlich nicht an kosmische Zeichen, doch ich stand gerade an einer Fußgängerampel, als ich plötzlich spürte, dass jetzt noch ein Mensch zu uns gehören wollte. Es war ein zitronengelber Spätsommernachmittag, ich ging nach Hause, verführte den Mann und erwartete ein weiteres Kind.

Wir überlebten auch diese Geburt, doch als die Brüste wieder groß und schwer wurden, weckte ich den Mann an meiner Seite und sagte, er möge gut für die Kinder sorgen, ich würde jetzt sterben.

Der Mensch tut in Ausnahmesituationen scheinbar irrationale Dinge. Man kann es auch Instinkt nennen. Gestorben bin ich nicht, aber verwandelt habe ich mich, vorübergehend. Mein Körper war jetzt für meine Kinder da und nicht mehr für einen Mann.

Der Körper wurde sehr sensibel. Er fühlte sich an, als sei er eine Höhle, in der er seine Brut zu bergen hat. Seine Kraft ging nach innen, nicht nach außen. Begehren, Wollust, Erobern gehen nach außen, nach vorn. Es sind in diesem grundlegenden Zustand zwei kaum vereinbare Richtungen.

Lust, so sie ichbezogen ist, Lust am eigenen Körper, an der eigenen Lust, löste ein geradezu regressives Schamgefühl in mir aus. Als wäre ich wieder dreizehn.

Aber ich versuchte, die Richtung zu wechseln, möglichst schnell, denn ich wollte nicht nur Mutter sein.

Es ist ein Feiertag im Frühling, und mein Freund wirkt seit einigen Tagen aufgekratzt und absent. Ich spüre sofort, er entfernt sich, und frage mehrmals nach, bis er erklärt, er habe eine Frau kennengelernt, mit der er leben wolle, er würde uns verlassen.

Ich sage: Tobe dich aus mit ihr – aber geh nicht, wir sind doch ein Team und die Kinder klein.

Das halte ihn nicht ab, sagt er, und ich habe das Gefühl, ich habe es mit einem Menschen zu tun, dem das Hirn abhandengekommen ist, er ist im Vollrausch.

In der Nacht lege ich mich neben mein schlafendes Kind, das ältere ist jetzt vier, und lasse mich von seiner kleinen warmen Hand halten.

Als ich am nächsten Tag von der Arbeit nach Hause fahre, bekomme ich im Zug, ich sitze lesend in einem Abteil, aus dem Nichts einen Orgasmus.

Später kaufe ich mir bei einer gemeinsamen Autofahrt an der Tankstelle Zigaretten und zünde sie vor ihm und den Kindern an. Sie schmecken nach meinem alten Leben, und wenn ich das Knistern höre, fühle ich mich frei und denke, geht auch ohne ihn.

Als die Frau erfährt, dass er seine Familie verlassen will, geht sie.

Unseren Sex betreiben wir mit Routine. Oft geht er von mir aus, in regelmäßigen, aber nicht sehr nahen Abständen. Wir liegen im Bett, und ich komme ihm näher, weil ich weiß, dass er das will, sich aber nicht mehr traut, seit ich in meinem anderen Zustand einige Male Nein gesagt habe.

Und weil ich glaube, eine Beziehung ist wie ein Papierflieger, man darf ihn nie auf dem Boden aufkommen lassen.

Ich küsse ihn, fahre mit den Händen an seinem Oberkörper über seine Brust hinunter zu seinem Schwanz, der schon steif ist, lasse ihn eindringen, er spannt sich mit seinem ganzen Körper an, erst wie ein Bogen, dann wie ein Brett, das ich kaum zu berühren wage, damit er nicht sofort, sondern erst nach zwei oder drei Bewegungen kommt. Dann geht er an mir herunter, seine Hände an meinen Brüsten, und leckt mich, bis ich komme, fertig.

Irgendwann schlägt er vor, wir könnten dies und das ausprobieren, wir seien ja beide nicht zufrieden mit der Routine. Fesseln, Swingerclub, Sexspielzeug. Wir probieren einiges aus, Fesseln, Sexspielzeug, urige Stellungen, nur den Swingerclub und Einsätze von Dritten oder mehr Personen gern, sage ich, aber ohne mich.

Ich will nicht noch mehr unpersönlichen Sex, zu anstrengend.

Ich bin müde.

Er will sein Schnellkommen verhindern. Obwohl ich sage, das mache mir nichts. Ich sage das, um ihn zu beruhigen. Und vielleicht auch, weil ich es schnell haben und sogar hinter mich bringen will.

Und weil unser Sex doch so funktioniert.

Doch dann denke ich: Hätten wir gar keinen mehr, wäre das auch okay für mich. Nur dass die Atmosphäre zwischen uns eine freundlichere ist, wenn wir ihn haben.

Welche Tipps und Tricks er unternimmt, um sich locker zu machen, sagt er mir nicht. Nur dass er auch gern sinnlicher wäre.

Ich habe den Eindruck, er onaniert weniger.

Der Sex, den wir ausführen, fühlt sich an wie Onanieren zu zweit. Er kommt schnell und allein, ich komme langsam und allein, und in unserem Bett nimmt die Einsamkeit Raum. Nachts liege ich hellwach in bodenloser Leere.

Ausharren kann er besser als ich.

Eines Tages sage ich den Satz, von dem ich weiß, dass ihn schon viele gesagt haben und dass er nichts ändert: Du siehst mich nicht.

Daraufhin sagt er den Satz, der mich beschämen und Jahre in mir nachhallen wird: Meinst du, ich habe Lust, immer da unten an dir rumzumachen?

Ich liege auf einer Bank in einem dunkelgrünen Raum, und der Mann, den mir ein Freund wegen seiner magischen Hände empfohlen hat, liegt über mir, mit seinem ganzen Körper. Ob er wirklich fast nackt war wie ich, weiß ich nicht mehr, oder trug er seine Masseurkluft, bestimmt, aber es ist unwichtig. Wichtig ist, dass er um mich war, wie eine Schlange, Ströme aus Energie und Kraft und Wärme spiegelnd. Er berührte mich kaum, und doch war es, als sähe ich durch ihn Flackern, Feuer, züngelnde und wogende und sich schlängelnde Flammen in mir.

Ich wiederholte die Sitzung nicht. Es machte mich zu traurig.

Früh fing der Mann an meiner Seite an, kontrolliert zu ringen und zu boxen, um sich zu spüren, und dann legte er sich einen Panzer zu. Er verwandelte seinen Körper von dem einer geschmeidigen Katze in den eines Muskelpakets. Dass er mir dadurch noch fremder wurde, sollte ihn nicht abhalten, sich selbst schöner zu finden.

Unseren letzten Sex hatten wir ein Jahr, nachdem ich das erste Mal nach dreizehn Jahren mit einem anderen Mann im Bett gewesen war. Ich wollte beides, Familie und Freiheit, und wir lebten noch zehn weitere Jahre zusammen. So wie viele andere Paare auch, ohne Sex. Nur dass wir es offen und mit anderen taten.

Und selten das Gefühl hatten, wir seien gescheitert, wie so viele Menschen, die am Ideal der Ehe verzweifeln.

Wir hatten viel mehr als Sex. Und die Matrix unserer sexuellen Kommunikation, wie ich sie jetzt seziere, ist nur ein Teil unseres gemeinsam gelebten Lebens, in dem so viel Gutes geschah.

Es ist falsch, nur den Sex zu sehen. Aber ihn nicht sachlich Revue passieren zu lassen, und das vielleicht kühl oder scheinbar kalt, da unten, wo die Fundamente liegen, auf denen wir unsere Beziehungen, unsere Familien, unser Haus bauen, bringt uns nicht näher und nicht weiter.

Mit den Frauen nach mir, sagte er, sei das Schnellkommen verschwunden.

Definition

Kinder werden mit Sexualität geboren. Das eine beobachtete ich dabei, wie es mit seinen Handflächen über die Dinge strich, Stoffe und Haut. Es strich langsam, sanft hin und her, und forschend, schon als Säugling, und man konnte dabei zuschauen, wie es tastete, spürte und fühlte. Es wirkte dabei vollkommen versunken. Es würde ein Körpergefühl haben, das man nicht mit Körperbeherrschung vergleichen darf, es kommt vom Körper, nicht vom Kopf. Es hat in seinem Körper eine Präsenz, die, wenn ich darüber nachdenke, das sein muss, was man meint, wenn man sagt: Körper und Geist sind eins; ganz bin ich jetzt hier. Es nimmt andere so wahr, dass es ihre Bewegungen umgehend imitieren kann, und das mit Leichtigkeit. Es tanzt und wird dabei gern beobachtet. Es ist sich selbst nah, wenn nicht sogar zumeist am nächsten. Ich glaube, seine genitale Lust entdeckte es verhältnismäßig spät. Eine ganze Zeit lang findet es küssende Menschen eklig.

Das andere Kind hat schon als Baby regelmäßig und körperlich sehr konzentriert Lust. Später wirkt es darin so selbstversunken, als könnte es nicht mal auf die Idee kommen, dass es dabei beobachtet wird. Es hat eine hingebungsvolle Energie und eine breite Sensibilität für das Verhalten anderer. In großem Stress, auch zwischen den Menschen in seiner Umgebung, bekommt es plötzlich hohes Fieber und wirkt dann erschreckend hautlos. Ohne Barriere, mit der man sich abgrenzen kann. Ich staune, wie lange und tief Kinder in der Umarmung verweilen, und dass sich das eine immer wieder ausdrückliche Berührungen wünscht und das andere früh sehr reif, offen und frei mit seiner Lust umgehen kann.

Warum war es mir wichtig, das aufzuschreiben, frage ich mich immer wieder, und nach einiger Zeit wird mir bewusst: In alldem steckt meine Definition von Sexualität, in einer puren und sozusagen unschuldigen Form, vor der Bewertung, vor der Moral.

Tabu

Ich sah sie zuerst von hinten, es war ein Morgen in einem Café in einem Land fern von zu Hause. Ich reiste wieder, wie früher, mein Beruf und der Mann an meiner Seite ermöglichten es mir. Denn ich litt unter Stillstand.

Sie trug einen Minirock und hatte schöne Beine. Beim Sprechen ließ sie die Arme und Hände durch die Luft tanzen und ihre Stimme und ihr Lachen Kapriolen über eine raue Kehle schlagen, dass dabei Kiekser entstanden, die die anderen wohl mit dazu veranlassten zu sagen, sie sei verrückt. Ich war vom ersten Augenblick an in ihrem Bann.

In einer der ersten Nächte müssen wir ein Zimmer und Bett teilen, und sie scheint verunsichert. Ich tue so, als wäre es das Normalste der Welt, wir sind doch zwei Frauen. In der Nacht liege ich neben ihr wach, sie hat eine Schlafmaske über den Augen, und muss mir vorsagen, atme weiter.

Sie lädt mich in eine Bar ein, in die man nur hineinkommt, wenn man klingelt, wir sitzen an der Theke auf Barhockern. Sie hat sich sehr schön gemacht für mich und bestellt mehrmals hintereinander Gin Tonic.

Wir kleiden uns ähnlich. Man kann nicht behaupten, Kleidung spiele gar keine Rolle dabei, ob man jemanden interessant findet oder nicht. Ich spreche an auf den Balanceakt zwischen Kleidung bewusst wählen, weil schöne Dinge Aufmerksamkeit beanspruchen dürfen, und genau diese dann lässig genug tragen, sodass man darin nicht bemüht wirkt, sondern dass es spielerisch aussieht. Sie wiederum trägt sehr kurze Röcke, sehr hohe Schuhe und schrille Teile mit knallroten Lippen viel selbstverständlicher als ich, und das in fast jeder Situation. Gleichzeitig erörtert sie nonchalant mit jedem komplizierte Themen, sie nimmt sich ihr Recht.

Auf ihrer Geburtstagsfeier knutscht sie mit ihrem Freund, sie trägt einen glitzernden Minirock, und ich beobachte seine Hand, die über ihren Po streicht. Es fällt mir schwer, mich mit ihm zu unterhalten. Ich stehe vor ihm, und mir fällt nichts ein.

Wir wandern durch Wälder, sie und ich, und ich führe sie zu einem See, keiner ist da außer uns. Wir ziehen uns aus und schwimmen hinaus und umeinander herum. Sie grinst mich an, und ich frage mich, ob ich auch so grinse. Dann legt sie sich auf das warme Holz des Stegs, nackt und nass, und schließt dabei schmunzelnd die Augen. Ich lege mich im Neunziggradwinkel mit etwas Abstand daneben und mache auch die Augen zu, um mich vor der verwirrenden Versuchung zu verschließen.

Ein paar Wochen später lädt sie mich zum Burlesque-Tanz ein. Wir stehen neben einer Bar, halten große Gläser mit viel Alkohol in der Hand, und sie trägt Hosen mit Trägern, die sich über ihrem Busen spannen, und strahlt mich an. Ich sage: Bleib so, ich mach mal ein Bild.

Das Foto wird so ähnlich wie das Foto, das ich als Kind einmal von meinen Eltern gemacht habe: Im Visier hatte ich den bunten Schmetterling, einen Drachen, den sie mir geschenkt hatten und vor ihre Mitte hielten, ihre Köpfe waren abgeschnitten.

Die Burlesque fand nicht statt. Macht nix, sagte ich, Hauptsache, wir ziehen zusammen um die Häuser.

Das war ein bisschen gelogen. Ich hätte schon gern gewusst, was sie mir hatte zeigen wollen.

Auf einer Party sitzt sie neben einer Freundin, sie ist lesbisch, auf einem Sessel. Ich setze mich dazu auf die Sesselkante und denke, aha, so strahlt sie auch sie an, und die strahlt zurück, wie zwei, die wissen, was sie tun. Wir haben getrunken, sie ist aufgekratzt, ihr Kieksen wird noch lauter, ihr Gestikulieren noch wilder. Dann sagt sie plötzlich: Meine Hobbys sind Lesen und Ficken, und ich beuge mich zu ihr, näher an sie heran, und sage mit weit aufgerissenen Augen: Echt jetzt?

Umgehend komme ich mir unglaublich dämlich vor, wie ein sabbernder Kerl, verschwinde ins Bad und versuche, mich zu beruhigen.

Wenn ich gefragt werde, ob ich eifersüchtig sei auf die Frauen meines Freundes, des Vaters unserer gemeinsamen Kinder, dann sage ich: Nein.

Weil die Leute mich dann stets ungläubig anstarren, ja, zweifelnd, insistierend, denke ich tatsächlich jedes Mal noch mal ehrlich darüber nach und sage noch einmal: Nein. Ich bin nicht eifersüchtig.

Ich hoffe nur, es sind coole Frauen, mit Herz und Hirn.

Es wäre doof, wären es dumme Tussis. Denn dann könnte ich den Mann an meiner Seite nicht mehr ernst nehmen. Und ich will sein Interesse nachvollziehen können.

Es ist nicht so, dass ich Eifersucht nicht kenne. Sie kann in mir aufbrausen und mich auch körperlich in Windeseile derart zum Rasen bringen, dass ich aus meiner Haut fahren will. Alles flirrt und kreist, und ich weiß dann nicht, soll ich dem Drang nachgeben, tief aus dem Erdinnern zu brüllen, oder mich schnell verdrücken, aufs Klo oder in die Küche, in der die anderen Partygäste stehen. Und ich hoffe, die mich in tausend Einzelteile zu zerschmettern drohende, bodenlose Verunsicherung mit intellektuellen Gesprächen abtöten zu können. So überredet man mit dem Kopf den Körper.

In Gedanken nutze ich unbewusst einen Trick, den Verdacht habe ich mittlerweile. Sigmund Freud nannte es Identifikation mit dem Angreifer. Ich stelle mir vor, wie der Mann, den ich begehre, Sex hat mit einer Frau, die ich auch gut finde. Das macht mich an. Das Begehren der anderen scheint ihn noch begehrenswerter zu machen.

Andersherum mag ich es mir nicht vorstellen. Vielleicht

hätte eine Psychologin dazu eine schlaue Hypothese. Aber ich will sie gar nicht wissen.

Oder doch.

Würde eine mir nahestehende Frau tatsächlich und nicht nur in meiner Fantasie einen Mann verführen, von dem sie weiß, dass ich in ihn verliebt bin, würde ich ihr das nicht verzeihen. Es ist ein moralisches No-Go, ein auch fast vorzeitliches Solidaritätsgebot unter Frauen. Daher habe ich Männer von Frauen, die ich persönlich kannte und mochte, nicht verführt und würde es auch, hoffe ich, nicht tun.

Andere schon.

Es ist eigenartig, aber das Mitgefühl überträgt sich in diesem Zusammenhang nur auf mein Verhalten, wenn ich mich körperlich, von Angesicht zu Angesicht, mit der anderen auseinandersetzen muss. Daher versucht man die Begegnung mit der Frau, die man hintergeht, zu vermeiden. Oder, umgekehrt, sie einzufordern. Als wirkte der Anblick des Opfers ähnlich bannend wie das Kreuz auf Vampire.

So hatte ich mir das zurechtgedacht. Bis ich eines Tages beim Sex den Gedanken zuließ, ich würde gerade vor den Augen der anderen deren Mann vögeln, und dadurch einen ungewöhnlich heftigen Orgasmus bekam.

Jung/Alt

Es ist früh am Morgen, die Bergsonne wärmt den Raum, er hat sich die Wolldecke mit den pinken, grünen, gelben Streifen bis zum Hals gezogen und liegt, wie er eingeschlafen ist, auf dem Rücken, in sich ruhend. Wie Buddha, habe ich vom ersten Moment an gedacht, als er vor mir in der Tür steht, wie Buddha in jung. Ich schlage die Decke auf Höhe seiner Mitte zur Seite, sodass er langsam zu sich kommt, und betrachte seinen schönen Körper, ebenmäßig, glatte Haut, lange Haare, und dann nehme ich seinen Schwanz in den Mund, und zwar sehr tief. So tief wie noch nie.

In einem Porno hatte ich das mal gesehen. Dass es so tief geht, ohne dass man würgen muss, wie bei einer Schwertschluckerin. Alles geht, wenn ich mich nicht verkrampfe und wirklich will.

Ihn will ich. Seine Ausstrahlung, körperlich mit sich im Reinen zu sein, als hätte sein Kopf nie ein abschätziges Werturteil über seinen Körper gefällt, er ist einfach da und nie verspannt. Seine Art, die Welt zu sehen, er sammelt Augenblicke und verwahrt sie in der Tiefe. Und natürlich all das, was allen gefällt, Humor, Empathie, Cleverness, offene Hände und ein weises Herz, weise von der Straße, und weil es Menschen gibt, die mit Weisheit geboren worden zu sein scheinen.

Noch ein wenig tiefer lasse ich seinen Schwanz in meine Kehle, und als ich ihn aufstöhnen höre, leise, genießend, weiß ich, dass es klick gemacht hat.

Ich tue es auch aus Kalkül. Das wird mir in dem Moment klar. Um ihn zu binden, er wird das wieder haben wollen. Weil ich ahne, seine Freundin muss eine Prinzessin aus Tausendundeiner Nacht sein, und sie sind auch schon lange zusammen.

Unser letzter Tag hat vor Sonnenaufgang begonnen, er ist voll und dicht gewesen, und heute, in einigen Stunden, werden wir uns trennen. Er lebt auf einem anderen Kontinent, und ich bei meiner Familie.

Am Abend zuvor hat er gesagt: Willst du immer noch in den Ort in den Bergen?

Unbedingt.

Wir werden nicht vor Mitternacht ankommen.

Egal.

Aber es ist ja Vollmond.

Eben.

Und dann sahen wir uns kurz an, er hinterm Steuer, ich am offenen Fenster, und er gab Gas und fuhr aus der Stadt hinaus.

Die Dunkelheit kommt schnell, die Gipfel der Berge

glänzen noch. Am Stadtrand, neben einem chaotischen Kreisverkehr, entdecke ich ein paar Schafe. Sie stehen auf der rötlichen Erde, der Himmel spannt sich darüber, von Sirenenblau zu Safrangelb, hinter der Ebene die von Schnee gekrönten Berge, die wirken, als könnten sie einen Klang erzeugen. Die letzten Sonnenstrahlen lassen die Tiere leuchten wie goldene Wolken.

Er nimmt seine Kamera, die rechte Hand am Steuer, und hält sie über das Autodach, um dieses Bild festzuhalten.

Nach den letzten Häusern führt die Straße über Hügel wie über Wellen. Wir fahren geradeaus auf die Berge zu, auf, ab, auf, ab, auf, ab, hören seine Musik, sphärisch, ruhig, seinen linken Arm lässt er zum Fenster raushängen, meine Füße liegen über dem Handschuhfach, der warme Wind auf der Haut, und auf der höher werdenden Welle, kurz vor ihrem Scheitel, schließe ich die Augen. Jetzt abheben.

Später setze ich mich ans Steuer, winde uns mit dem röhrenden Auto in Serpentinen auf tausend Meter hoch. Die Straße ist sandig. Die Luft kühl, die Nacht Perlmutt. In einer Kurve auf einem Felsvorsprung bleibe ich abrupt stehen.

Die ganze Woche über, die wir Tag und Nacht arbeitend miteinander verbracht hatten, hatte er keines meiner Flirtangebote angenommen. Ironische Volten, die ich wie Taschentücher hatte fallen lassen, fast eine Schnitzeljagd. Ich hörte meine eigene Stimme im Lachen überdrehen. Er blieb cool.

Ist er, dachte ich, wie ich und hat sich die Ausdrukslosigkeit des Gesichts antrainiert? Ist er einer jener Spezies Mann, die angeblich kein Sensorium dafür hat und nicht merkt, wenn sie gewollt wird? Oder ist unser Altersunterschied außerhalb seines Vorstellungsbereichs?

Ich bin unsicher.

Und ich bin aus der Übung. Ich frage mich, wie habe ich das früher, in meinem ersten Leben, gemacht? Wie ging das? Wie konnte ich so selbstsicher sein?

Mir ist die Chuzpe abhandengekommen, ich werde schon rot, wenn mich jemand einen Tick zu lange anblickt, schaue mich um und denke, meint er mich, ist er krank, er ist fünfzehn Jahre jünger als ich!

Und wenn ich mich ihm nähere, und er reagiert wie die Frau, die ich für Marlene Dietrich hielt?

Er ruft: Was machst du da?

Ich steige aus, gehe vor zum Abgrund und schaue in die Schlucht, zu einem Bach mit Pappeln. Wir lehnen uns auf die warme Motorhaube und lauschen der Stille, und ich gebe mir einen Ruck, und meine Lippen nähern sich seinen.

Er, erstarrt, lässt die seinen zu. Doch dann gehen sie auf, und meine Zungenspitze berührt seine, und dann sage ich: Komm, weiter.

Am Fuß des Gipfels liegt das Dorf im Mondlicht. Wir klopfen an Türen, alles schläft. Schließlich sitzen wir auf Teppichen und Kissen, eine warme Suppe, eine Flasche Wein, und hangeln uns durch eine Unterhaltung wie über eine nicht endende Hängebrücke. Meine Anspannung, meine Angst, meinen überbordenden Drang, ihn von Kopf bis Fuß zu berühren, verberge ich. Ich bin so erschöpft, dass ich überdrehe, und als er auf seine Uhr schaut, schon so spät, lege ich meine Hand auf seine Brust, er schaut ihr zu, und öffne seinen Hemdknopf, und keine zwei Sekunden später presst er mich an die Lehmwand, und unsere Kleider fliegen über Tisch und Teppiche. Ganz schnell raffen wir sie zusammen, rennen über die Treppe zum Schlafzimmer, zwei Stufen auf einmal, und ganz schnell müssen wir auch eingeschlafen sein.

Denn am nächsten Morgen wache ich auf und frage mich, was war das und ging es weiter?

Er kommt nicht, er hat Zeit.

Ich denke, so kann es gehen. Kein Druck.

Auch nicht für mich.

Und er will sich bedanken. Ich sitze auf ihm, lasse die Wärme auf die Haut, die Sonne scheint durch das kleine Fenster, und wiege auf ihm hin und her, er hat alle Zeit der Welt und diesen offenen Blick, er bewertet nicht, er urteilt nicht, er denkt nicht.

Sondern lässt sich ins Jetzt fallen und geht in ihm auf.

Und dann spüre ich – und ich bemerke es auch, was so viel bedeutet wie: Ich reflektiere –, dass ich zu einem Orgasmus kommen könnte. Mit ihm, beim ersten Mal. Es fehlt nur der eine entscheidende nächste Moment. Wenn die Winde, die den Segelflieger nach oben gezogen hat, sich ausklinkt, und du lässt los und hebst ab.

Damit es dazu kommt, muss alles stimmen. Die Person, der Raum, die Zeit, mein Zustand. Ist der Körper gerade geschmeidig, hingebungsvoll und bei sich? Kann ich es mir geben lassen?

Oder bin ich woanders? Denke ich? Reflektiere ich? Kommentiere ich? Rast mein Hirn woandershin, weg, auch ohne es zu wollen, nicht einzufangen wie ein wilder Affe? Findet es ein Bild, an das es sich klammern kann, um die Lust zu erhöhen, oder, das wäre ideal, braucht es das Bild nicht, weil es sich am Anblick des anderen, in seiner Haut, seiner Schwingung, seinem Geruch, seinen Haaren, der Aura hier und jetzt berauschen und mit ihm da sein und bleiben kann?

Und dann bin ich kurz davor, vor der Schwelle, auf der Schwelle, und nicht einmal fixiert auf diesen einen Punkt außen, sondern überall, auch im Innen. Später werde ich es kaum glauben können, aber dann kann ich ihn in mir fühlen, an den Innenoberflächen, am Bauch und tief drinnen, er kann meinen Muttermund küssen, es kann ein Strom anspringen und in alle Richtungen Wellen schwingen, und es wird sogar möglich, diese Wucht ganz nach innen zu bringen. Doch jetzt, *zack*, ein Gedanke, ein Blick, falle ich wieder zurück, von der Welle vor die Schwelle, aus, weg, vorbei, und bin blockiert. Ähnlich wie der Mann, der darüberspringt und unsere Welle zum Verebben bringt.

Der Orgasmus setzt uns unter Druck. Wir wollen ihn und wollen ihn nicht. Oft wünschte ich, es gäbe ihn nicht, dann müsste ich ihn nicht erwarten.

Wir könnten Liebe machen, statt Sex spielen.

Der Höhepunkt stünde nicht im Raum oder im Bett wie der Elefant, an den man nicht denken soll.

Wir verlernen, uns zu berühren, ohne zu denken, und unsere Körper zu fühlen, statt sie zu benutzen.

Immer wieder versuche ich, den Felsbrocken den Berg hinaufzurollen, und wenn ich kurz vor dem Gipfel bin, rollt er hinunter. Doch Sisyphos war wenigstens allein, und wir machen es uns doppelt schwer.

Mit Orgasmen, die anarchisch wirken und wild, wie erratisch durch die Dunkelheit flirrende Glühwürmchen. Die man treffen, aber ebenso frei sein lassen und bestaunen will.

Das alles dachte ich nicht in jenen Minuten, als ich mit dem jungen Mann, in den ich mich verliebte, über die bunte Decke rollte. Da und vor allem in der Zeit danach stellte ich mir immer wieder die Frage: Wie lange würden wir das Kippbild aushalten, in das wir Hand in Hand liefen?

Denn so fühlt es sich an, wenn Jung und Alt zusammenkommen. Ich fühlte mich jung und begehrenswert. Doch ohne, dass wir es beabsichtigten, ließ er mich im nächsten Augenblick alt aussehen. Und ich ihn zu jung. Für ein geteiltes Leben.

Wohin mit mir und uns, alt-jung-alt-jung-alt-jung?

An einem Morgen nach einer gemeinsamen Nacht lag ich neben ihm. Er schien weniger Lust zu haben als ich. Und anstatt die Welt draußen zu lassen, außerhalb des Raums, in dem wir uns auf Augenhöhe, mit Leidenschaft und Raffinesse begegnen konnten, lagen wir auf dem Rücken und bewegten uns nicht.

Ich hielt die Luft an und starrte auf den Spiegel an der Wand. Fuhr ganz vorsichtig mit den Fingerkuppen über seinen Oberschenkel. Er hob seine Hand und strich über meinen Bauch. Höher zum Brustkorb, wo sich über die Jahre winzige Hautknötchen gebildet hatten. Er tastete, schaute auf und genauer hin, schnippte kaum merklich dagegen. Und fiel auf sein Kissen zurück, und fasste nie wieder hin.

Später würde einer sagen, das ist die Brailleschrift, die mich, wenn ich alt und blind bin, zu deinem Sternenhimmel führt.

Man muss berauscht sein, um solche Bilder zu finden. Und alt genug.

Abschiedssex

Es ist Morgen, ich bin vor ihm wach. Das Zimmer ist winzig, seine Wände sind hellgrün gestrichen, und das Licht, das durch das hohe Fenster fällt, taucht den Raum in eine flimmernde Atmosphäre, giftig fast. Vielleicht tut er auch nur so, als schliefe er. Ich halte mich zurück, ihn nicht zu berühren, obwohl ich möchte. Sein Rücken ist mir zugewandt. Ich rutsche vorsichtig an ihn heran, sodass meine Brüste sanft an seinen Rücken stoßen, sein Po in meiner Mulde liegt, und dann taste ich mich an seine Beine und Füße heran. Er bewegt sich nicht. Ich halte die Luft an und schließe die Augen, vielleicht schlafe ich ja wieder ein. Als er sich umdreht, schauen wir uns an, und kaum habe ich meine Lippen auf seine gedrückt, liege ich auf ihm. Er ist erregt, das ist er schon, und dann dreht er mich auf den Bauch.

Wir liegen auf dem Fußboden vor seinem Bett, und das wundert mich, denn wir sind nicht lustvoll übereinander hergefallen, sondern haben uns eher Richtung Bett geschleppt mit dem zermürbten Rest unserer Leidenschaft, zu schwach, um dafür die Matratze zu beanspruchen. Ich öffne die Beine, er zieht die Hose herunter, schaut mich nicht an dabei, und das ist besser so, sonst müsste ich mit ansehen, wie erloschen sein Wille nach mir ist.

Als ich gerufen hatte, ich kann nicht schlafen, lief ich hinüber in sein Zimmer, er schlug seine Decke auf und sagte: Na gut, komm. Seine Haut war weich, und seine Sommersprossen verströmten diese Heiterkeit, obwohl das, was wir nun taten, eine schwerwiegende Tat war, die uns für immer trennen würde.

Er fühlte sich gut an und einfühlsam, und ich dachte, es ist nicht die große Kunst, aber es ist ja nur der Anfang. Nach all den Jahren, in denen es Sex zwischen uns niemals gegeben hätte.

Er sah mir nicht in die Augen dabei.

Das war's, was du wolltest, sagte er danach und schickte mich wieder in mein Zimmer. Am nächsten Morgen sagte er: So toll war es auch wieder nicht, lassen wir's lieber und werden wieder Freunde.

Bevor er aufstand und in die Nacht entschwand zu der Frau, die er gerade kennengelernt hatte, drehte er sich zu mir und rammte ein paarmal sein Becken an meines, und ich sagte nichts, weil es mir zu blöd war, aber ich dachte, hab schon verstanden, dieses mechanische Stoßen, diese fast entmenschlichten Bewegungen, ohne Gefühl und ohne Blick.

Und als ich auf dem Bauch lag, drang er von hinten in mich, stellte sich auf und stieß einmal, zweimal, dreimal, noch einmal, und ich wusste, es ist das letzte Mal, nur dann schwingt darin diese Verachtung mit, des Selbst und der anderen, die er durch das Stoßen trennen und demütigen will, wie ein Soldat eine Frau rammelt, die er beschmutzen und ein für alle Mal vernichten will, für sich, für sie und für die anderen. Da, da, da, du Schlampe.

Es gibt auch Todessex, wenn der Tod sehr nah ist. Er ist mit dem Abschiedssex nicht zu vergleichen, denn er ist voller Lebenskraft.

Der Abschiedssex lässt sie vermissen.

Im Iran

Zwischen der Karte des altpersischen Reichs und Vitrinen mit Tontöpfen, Keramikpferden und einem geflügelten Stiermenschen stehe ich abseits der Gruppe und lausche dem Rauschen der Wörter aus dem Mund des Reiseleiters, Takht-e Dschamschid, Schami aus Chusestan, Shams-ol-Emareh. Ich spüre, dass er Witterung aufgenommen hat, und ich offensichtlich auch. Vielleicht auch, weil in der Gruppe sonst nur Senioren sind. An seinem Körper zieht mich nichts an. Attraktiv macht ihn kurioserweise der Ring an seinem Finger, der auf archaische Art Männlichkeit demonstriert, seine Begeisterung für die Geschichte seines alten Landes und die Literatur. Und dann, von dem Moment an, in dem ich ihn zu hören bekomme, sein Gesang.

Als er fertig erzählt hat, verstreuen sich die Alten, und ich spüre, wie er um mich herumstreift, während ich durch den Raum wandere und konzentriert auf die Ausstellungsstücke zu schauen versuche. Plötzlich steht er neben mir und sagt, ich möge doch bitte meine Bluse höher zuknöpfen. Nicht wegen ihm, er deutet zu einem Wächter, der Anblick sei sehr schön, und dabei wirft er einen Blick auf die Perle an dem Faden, der um meinen Hals hängt, und auf die Haut darunter und den Ausschnitt.

Ich erröte. Vor allem, weil ich befürchte, mich falsch zu verhalten. Dass das Kopftuch herunterrutscht und ein Uniformierter mich zurechtweisen könnte. Gerade erst bin ich in Teheran angekommen. Ich wollte mal ganz weit weg, raus aus unserer Reihenhauswelt und den sich mühsam wechselnden Jahren.

Dann sitzen wir in der Wartehalle des Flughafens, ich wieder etwas entfernt, und er kommt mit zwei kühlen Dosen Aloe-Vera-Saft und setzt sich wie selbstverständlich neben mich, als wäre alles abgemacht. Er muss routiniert sein. Im Flieger sitzen wir weit vorn, um uns nur Einheimische und in der Reihe vor uns ein Geistlicher, das erkenne ich an der weißen Kleidung und seiner Kopfbedeckung. Mein Reiseführer schmunzelt mich an, in seinen Augen leuchten gelbe Sterne, und ich frage mich, wie es passieren kann, dass man sich so wortlos und schnell so einig ist.

Küssen dürfen wir uns nicht, und ich würde es auch nicht wollen.

Er greift geschickt in meine Hose, und während ich das Paar neben uns, den Mullah und die Stewardess, aus den Augenwinkeln beobachte, streicht er gekonnt über meine Scham. Dann berührt er wie zufällig meine Brust, und ich presse die Lippen zusammen und schaue aus dem Fenster in die sonnigen Wolken, damit mir kein Laut entfährt.

Nach dem Abendessen im Hotel fragt er, ob ich Lust auf einen Spaziergang habe, und führt mich hinter hohen Mauern in einen Hof. Es ist ein Rechteck, eingerahmt von Arkaden. Die Pflanzen, Oleander, Pinien, Zypressen, sind in farbiges Licht getunkt, und in der Mitte steht auf einem Sockel ein weißer Marmorsarkophag, über dem ein kleines Tempeldach aus schillernden Mosaiken thront, unter dem mit Sternen besetzten Himmel. Es spielt eine Laute. Familien, Paare, Mullahs schlendern umher. Leise, unaufgeregt. Es ist nicht der Tempel eines Kriegsherrn, sondern der des Dichters. Über den Sarg gebeugt sitzt eine junge Frau und summt ein Gedicht.

Mein Übersetzer spricht es nach. بب‌ینی‌دی ، من از ان‌زاب‌ه آغوش و بوس در حال مرگ هستم. بب‌ینی‌دی ، من از انذل‌ت شه‌وت دهان در حال هوش‌ه ست. Aber ich will es gar nicht auf Deutsch hören.

Wir sitzen auf einer Steinbank unter einem Bogen. Ich gebe mich dem Ort hin, er wirkt in diesem Augenblick wie der Nabel der Welt, voller Liebe und Leidenschaft, sehr romantisch. Mein Reiseführer sitzt hier sicher jede Woche mit einer anderen Gruppe und Frau und weiß um die Wirkung. Er hat seine Hand unter der Bluse zu meinem Gesäß hinuntergeschoben und befingert meinen Anus. Eigentlich möchte ich mich entwinden, aber dann lasse ich ihn doch gewähren. Weil ich wissen will, ob mich diese verruchte Herausforderung erregt.

Hier sollen sie sich vor der Ehe nicht mal berühren, und

erst recht nicht auf der Straße. Unter den langen Hosen, langen Ärmeln und langen Tüchern erzeugt das Verbot auf der Haut bei vielen Bewegungen Begehren. Ich spiele mit dem Gedanken, dass es etwas für sich hat. Zumal ich zugenommen habe und mich zu dick fühle.

Am nächsten Tag komme ich noch einmal, um das Glitzern unterm Himmel, die Worte auf der Grabplatte und den lauen Wind einzusaugen. Auf den Sarg hat jemand Rosenblätter gestreut. Gern würde ich weinen, aber so weit kommt es nicht.

Gerade steige ich aus der Dusche, da klopft es an meiner Zimmertür. Ich wickle das Handtuch um und öffne. Er stürzt herein, schließt die Tür hinter sich, öffnet den Gürtel, streift die Hose ab, drückt seinen kleinen, nicht erigierten Schwanz mit dem Zeigefinger in die linke Leiste hoch und legt mit geschlossenen Augen den Kopf in den Nacken. So lange, dass ich ihn betrachten und mich zwischen Verängstigung und Belustigung fragen kann, was das soll.

Nein, nicht jetzt, sage ich. Angeekelt und wütend. Warum macht er alles kaputt?

Er kommt mir näher.

Ich in meinem Handtuch, in meinem Zimmer, er mit dieser seltsamen, offensichtlich lustlosen und gleichzeitig hingebungswilligen Geste, die Wollust mimt. Ich sage: Nein. Nicht so. Nicht hier. Nicht jetzt.

Er wirkt wie versteinert.

Ich öffne die Tür und sage: Wir sehen uns beim Essen.

Dann fahren wir tagelang Bus. Ich setze die Kopfhörer auf und höre dasselbe Lied immer wieder, *repeat*, und, wie ich denke, ohne den Text zu hören. Serge Gainsbourg, die Ertrunkene. Treibt im Fluss der Erinnerung.

Die Landschaft, endlose Steppe, rohe Berge, ein Fetzen Wolke am Himmel ab und an und ein roter Laster und grüne Blätter, wo eine Quelle sein muss. Es fühlt sich an, als sei ich viele Jahre mit einem Geländewagen über eine holprig flatternde Piste gerast und nun vor einem großen See, der sich bis weit über den Horizont spannt, zum Halt gekommen.

Ich bin beschämt. Gleichzeitig jung, weil er mich anmacht, und alt, weil ich bedürftig bin. Ich dürste nach Schmeicheleien, nach Blicken, Begehren, verzehre mich nach Berührungen, nach Umarmung, ich will gehalten und gestreichelt werden und liebkost.

Und weil ich weiß, dass man es mir ansieht wie einer alternden unbefriedigten Frau, fühle ich mich schäbig – und obwohl ich weiß, dass man es alternden unbefriedigten Männern genauso ansieht.

Ich will weg und lasse mich zugleich hineinfallen, in ein nicht endendes Moll. Und dann bringt es mich zum Weinen, die Tränen laufen, ich blicke hinaus, über Stunden und Tage, in meine innere Landschaft. Irgendwann setze ich zum Kopftuch und den Kopfhörern auch noch die Sonnenbrille auf, und es fühlt sich aushaltbar an, gelöst.

Wir stehen in einer gigantischen Moschee, die oberen Winkel der Torbögen scheinen den Himmel zu rahmen. Er erklärt uns, dass die Moschee nach einer Geometrie ausgerichtet wurde, die ihn sich nun auf einen genau berechneten Punkt stellen lässt. Beine breit, Augen geschlossen, die linke Hand auf dem linken Ohr, fängt er an zu singen.

Es ist, als hebe aus einer Tiefe das All an zu klingen.

Es seien, erklärt er dem herbeilaufenden Uniformierten, klein, klobig, Arme vor der Brust verschränkt, alte Sufi-Gesänge, und nein, sie seien, da müsse er ihn aufklären, in einer Moschee nicht verboten. Nur vergessen. Er schließt wieder die Augen und singt, und ich halte den Atem an.

Stopp unter Feigen und Wein an einer Quelle mit plätscherndem Wasser. Ich setze mich mit der Gruppe auf die Teppiche, denn ich ahne, warum wir hier anhalten. Im Hotel, hat er gesagt, in der Stadt, würde er beobachtet. Ich halte meine Füße mit den rot lackierten Nägeln in das hellblaue Becken mit dem frischen Wasser. Dann sehe ich, wie er am Ausgang des Gartens steht und mit dem Kopf eine Geste zu den Maulbeerfeldern hin macht. Einmal, zweimal. Ich stehe auf, mich reizt und mich amüsiert das Setting.

Er zieht mich in die Felder, wir drücken uns aneinander. Aber er wird nicht hart. Dann drückt er mich auf die Knie, und ich nehme seinen Schwanz in den Mund, ich glaube, aus Ehrgeiz. Sicher nicht aus Lust. Ich höre die Stimmen der Gruppe, sie kommen näher. Ich presse ihn zwischen den Lippen und sauge. Er wird nicht steif. Er drückt meinen

Hinterkopf mit der ganzen Hand fester an seinen Schoß und atmet schwerer, und plötzlich habe ich Sperma im Mund und schlucke es. Als ich aufgestanden bin und er seine Hose zugeknöpft hat, schließt er die Augen, wirft den Kopf nach hinten und hebt die Arme zum Himmel, als wolle er ihm danken. Ich bitte ihn, so innezuhalten. Und mache ein Bild.

Danach hat er umgehend kein Interesse mehr. Kein Blick, kein Lächeln, kein Wort. Und obwohl ich es geahnt habe, bemühe ich mich, ihn wieder herauszufordern. Ich fühle mich so oder so abgeschmackt, gebraucht, benutzt. Und strafe mich selbst für meine Gefälligkeit, zwischen Gefallenwollen und Verachtung.

An einer langen Tafel in einem noblen Lokal lasse ich einen Zettel zu ihm durchreichen, von meinem Kopfende zu seinem, und beobachte, wie er erschrickt, als er ihm übergeben wird. Ich will wissen, wie das Gewürz im Joghurt heißt. Aber ich freue mich über seinen Schrecken.

Kurz vor Ende der Reise die letzte Station, ein kleiner Ort in der Wüste. Nicht weit davon eine Atomanlage. Wir sollen noch eine Moschee besichtigen. Ich will sitzen bleiben, ich habe genug gesehen. Aber als ich den Stein erblicke, aus dem sie besteht, heller Sandstein, nicht pompös, farblos und sachlich, folge ich.

Es ist kaum jemand da, Stille, Wüste, kein Geruch, Sand. Er winkt uns in einen Raum und lässt die Tür schließen.

Klein, aber hoch. Hinter ihm, sagt er, sei das Grab eines Weisen von vor tausend Jahren, und dann redet er zu der vor ihm stehenden Gruppe von der Spiritualität in Gesang und Tanz und dass nicht wenige danach auch im Westen suchten, Madonna zum Beispiel.

Dann hebt er wieder an zu singen. Es ist dieser tiefe feste Ton, es ist der Klang der Worte, es sind die versunkenen Augen, es ist die Andacht, die Ruhe. Die aus der Gruppe schauen mit verschränkten Armen auf ihn, und ich will von ihnen weg, weil sie mir profan erscheinen in ihren skeptischen Überlegenheitsposen. Langsam lege ich den Kopf nach hinten und mein Blick wandert zur Decke des Raums.

Es ist heller Stuck, wie Papier. Dadurch fällt, in Facetten und Schatten, das Licht. Der Klang von unten schwebt hoch zur Helligkeit, und plötzlich bricht es in mir aus.

Ich stürze aus der Tür und renne aus der Moschee, vor dem Tor um die Ecke, die Mauer hinten entlang und drücke mich an der Rückseite, in einer menschenleeren Gasse, in eine Nische und lasse es schluchzen und laufen, beiße mir in die Hand, setze die Sonnenbrille auf und drücke mein Gesicht in den Mauerwinkel, aber es hört nicht auf. Es ist ein Beben.

Ich versuche, mich durch Atmen zu beruhigen, und als es allmählich verebbt und nur noch Schluchzer herausplatzen wie bei einem erschütterten Kind, kommt einer aus meiner Gruppe auf mich zu und fragt erschreckt, was los sei.

Ich sage: Wäre ich religiös, würde ich sagen, das war eine Erleuchtung. Dabei lache ich nicht, sondern gucke ernst. Und wische mir den Rotz von der Nase. Er blickt mich an, voller Mitleid, und ich sage: Kann man das gar nicht verstehen?

Warten

Sechs Jahre lang hatte ich keinen Sex.

Außer hin und wieder an mir selbst.

Manchmal in Gedanken an eine Frau, doch das war nicht, worauf ich warten wollte.

Als hätte ich von Männern genug.

In ähnlicher Weise verzichtete ich auf Essen. Wenn, dann nur Gutes. Ich hörte, auf der ganzen Welt sei der Mensch in seiner fünften Dekade am unzufriedensten mit dem Leben. Ich zählte darauf, dass es sich mit der sechsten ändern würde.

Das Warten wurde zäh. Die Zeit fühlte sich immer trockener an.

Ich bekam Angst, nicht weil ich annahm, es würde mir keiner mehr über den Weg laufen, sondern weil ich dachte, bis es passiert, bin ich so merkwürdig und mürb, dass ich keine Lust mehr habe, darauf einzugehen.

Ein Astrologe sagt: Sie haben einen nicht domestizierbaren Eros.

Ich verstehe nicht, was er meint. Bezähmbar durch wen?

Ist seine Wildheit nicht genau das, was den Eros ausmacht und warum wir die Lebendigkeit des Lebens, des Sex, der Menschen und ihrer Körper lieben?

Epilog

Als es mich trifft – wir haben uns einige Male unterhalten, es ist Frühling und mein Blick nach außen offen –, steht er an der Kasse eines Imbisses und will unser Essen zahlen. Ich beobachte ihn von der Seite, mit etwas Abstand, die Haare auf seinen Unterarmen, die entspannte Haltung, seine Großzügigkeit.

Als ich von mir erzählt habe, hat er mich angesehen, ich hörte mich selbst nicht mehr reden und fiel in seine offenen Augen wie ins Meer. Und fragte mich währenddessen, ob man in dem Alter wirklich »unschuldige« Augen haben kann und warum ich so etwas dachte.

Er sagt: Nächstes Mal lädst du mich in deine Hood ein.

Sein Sound bringt etwas in mir zum Klingen wie eine Stimmgabel.

Wir gehen die Straße hinunter, Sonnenlicht flunkert durch die Platanen, und während er redet, zuckt es plötzlich zwischen meinen Beinen, es kribbelt und pulsiert, und ich spüre, wie ich feucht werde, alles fließt. Auf den Armen stellen sich meine Härchen auf, vermutlich vor Erstaunen.

Als könnte ich auftauen.

Ich kann mich nicht erinnern, auch mit viel Nachdenken nicht, dass mir so etwas schon mal passiert wäre. Man könnte diesem Moment auch andere Namen geben, sensationellere, aber Instinkt gehört dazu. Wenn der Körper Kompass wird. Jedenfalls weiß ich in dem Augenblick und während wir weiter nebeneinander die Straße hinunterlaufen durch das flackernde Licht in diesem sich erhitzenden Frühsommer und ich mich zusammenreißen muss, ihn nicht anzufassen und zu juchzen, dass dies etwas sehr Besonderes ist.

Es stimmt.

Am Ende des Sommers sagt er, es fühle sich an, als sei vom Ast einer Tanne Schnee in den darunterliegenden Schnee gerutscht.

Genau so ist es.

Wir fallen ineinander, ganz, ganz langsam, viele, viele Stunden lang, und nach einer unumgänglichen Gesetzmäßigkeit, die ein Gefühl auslöst, als wären wir füreinander gemacht und dürften nun endlich ineinanderschmelzen, jedes meiner Kristalle scheint in ihm ein passendes Pendant zu finden.

Und das Überwältigende ist, dass ich, wenn ich alles offen fließen lasse, an jeder Stelle meines Körpers, an der er mich berührt, außen, innen, fühle.

Ihn fühle. Mich fühle. Ihn in mir fühle, überall auf der Haut fühle.

Und fühle, was er im gleichen Moment wie ich fühlt, hin und wieder habe ich sogar das Gefühl, ich fühle als er.

Es ist verrückt, und es ist wirklich wahr. Es ist der Sex meines Lebens.

Und natürlich ist es viel mehr.

Der Nr.-1-Bestseller aus Großbritannien

Die erfahrene Psychotherapeutin Philippa Perry erzählt berührend von ihrer Arbeit und ihrem Familienleben und verrät, wie wir schmerzliche Erfahrungen aus der eigenen Kindheit nicht weitergeben, sondern heilen. Wenn wir uns bewusst machen, dass unsere eigene Erziehung das Verhältnis zu unseren Kindern beeinflusst, können wir aus Fehlern lernen – und sie wieder gut machen. Wir erfahren, wie wir aus negativen Verhaltensmustern ausbrechen und mit impulsiven Gefühlen umgehen.

»Ein gütiges und versöhnliches Buch, das uns lehrt, gütig und versöhnlich mit uns selbst, unseren Kindern und unseren eigenen Eltern umzugehen.« The Times

Philippa Perry

Das Buch, von dem du dir wünschst,
deine Eltern hätten es gelesen
(und deine Kinder werden froh sein, wenn du es gelesen hast)

Aus dem Englischen von Karin Schuler
Halbleinenband
Auch als E-Book erhältlich
www.ullstein.de

ullstein

Zwei Bestsellerautorinnen über ein Thema, das jede Frau betrifft

SMS, E-Mails, Tinder, uff! Auf allen Kanälen kommunizieren wir: mit Männern. Warum regen uns manche Nachrichten tierisch auf? Und warum machen andere einen gefühlsduseligen Lappen aus uns? Katja Berlin und Anika Decker entschlüsseln die Rätsel der modernen Kommunikation.

»Ein Buch, das sich mit viel Ironie der digitalen Kommunikation zwischen den Geschlechtern widmet.« *dpa*

»Knapp, komisch, so lebensecht.« *Stern*

Anika Decker, Katja Berlin
Nachrichten von Männern

Hardcover
Auch als E-Book erhältlich
www.ullstein.de